DER KLEINE BUCH VERLAG

Über mein Buch

Nach Lappland hat mich meine Frau mitgenommen. Für sie ist es das Land der Mystik. Für mich hat sich allerdings schon auf der ersten Wanderung ganz Anderes gezeigt. Diese erste Wanderung war zugleich unsere Hochzeitsreise, denn die kirchliche Trauung sollte unbedingt in einer lappländischen Erdhüttenkirche stattfinden. Das sei der Gegenentwurf zum Petersdom, sagte sie, alles sei auf das Wesentliche reduziert und darauf käme es doch an.

Der ersten Wanderung folgten in den nächsten Jahren zwei weitere, alle mit ganz seltsamen Erlebnissen. Und wenn man tagelang dahinstapft, kann es sein, dass sich das ganze bisherige Leben in Erinnerung bringt.

Wir reisen gerne langsam, zu Fuß, mit Bahn, Bus und Schiff. Auf der Reise in den hohen Norden wird die Nacht immer heller, die Landschaft immer einsamer und die Menschen immer einprägsamer. Davon handelt dieses Buch.

Wer es genauer wissen will:

1. Wanderung: Von Ritsem auf dem Padjelantaleden und dem Nordkalottleden nach Sulitjelma, mit dem Bus nach Bodö und per Schiff nach Trondheim. Von dort mit der Bahn nach Båstad in Südschweden zur Tante.

2. Wanderung: Die Anreise erfolgte über Stockholm, mit der Fähre nach Finnland, im Leihwagen in den Norden und danach von Ritsem auf dem Padjelantaleden über Staloluokta nach Kvikkjokk und Jokkmokk, dem Kulturzentrum der Sami, und weiter mit dem Bus nach Murjek und per Bahn nach Båstad.

3. Wanderung: Von Abisko an der schwedischen Erzbahn auf dem Kungsleden nach Vakkotavare, mit dem Bus nach Gällivare und mit der Bahn nach Båstad.

Über den Autor

Dr. Hatto Zeidler (* 1938) ist freischaffender Bildhauer und leidenschaftlicher Wanderer. Nach seiner Bildhauerlehre im väterlichen Betrieb sowie einem Pädagogik-, Soziologie- und Kunstgeschichtestudium war er bis 1974 im Schuldienst tätig und bis 2003 Dozent an der Pädagogischen Hochschule Heidelberg. In den vorliegenden Geschichten hat Hatto Zeidler Erfahrungen zu Papier gebracht, die er in den letzten Jahren auf seinen Lappland-Wanderungen gemacht hat. Er berichtet von skurrilen und lustigen Erlebnissen, von Überraschungen, Anstrengungen und Begegnungen, vom Über-sich-Hinauswachsen, von Mücken, Zelten, Gletschern, Weiten, von der Einsamkeit und der Mystik dieses Erdfleckens hinterm Polarkreis, und schafft somit einen teils heiteren, teils versonnenen, aber stets unterhaltsamen Episodenroman. Hatto Zeidler lebt mit seiner Frau, der Fotografin Uta Süße-Krause, in Hohenklingen im Enzkreis.

Hatto Zeidler

Ein Badener in LAPP LAND

Reisegeschichten

Der Kleine Buch Verlag

Die deutsche Nationalbibliothek verzeichnet diese Publikation in der Deutschen Nationalbibliografie; detaillierte bibliografische Daten sind im Internet unter www.dnb.de abrufbar.

© Originalausgabe 2016 Der Kleine Buch Verlag, Karlsruhe
Projektmanagement & Lektorat: Julia Barisic
Korrektorat: Anja Winckler & Julia Barisic
Umschlaggestaltung: Manuela Wirtz, www.manuwirtz.de
Umschlagabbildungen:
Rucksack: IgorXIII | shutterstock.com
Skandinavisches Muster hinter Titel: to_mua_to | depositphotos.com
Holzhintergrund: kb-photodesign | bigstockphoto.com
Satz & Layout: Beatrice Hildebrand
Karten: Hatto Zeidler
Printed in EU

ISBN: 978-3-7650-9114-8

Dieser Titel erscheint auch als E-Book:
ISBN: 978-3-7650-2104-6

www.derkleinebuchverlag.de
www.facebook.com/DerKleineBuchVerlag

Wanderung 1: Von Baden über Ritsem nach Sulitjelma

Wanderung 2: Von Ritsem nach Kvikkjokk

Wanderung 3: Von Abisko nach Vakkotavare

Karten

Wanderung 1

Von Baden über Ritsem nach Sulitjelma

Saiwåmpm

Im Frühjahr ist es gewesen. Genauer gesagt, im Frühjahr 2010, als ich dem Herbert begegnet bin. Ein Jahr lang vielleicht hatten wir uns nicht mehr gesehen und jetzt, als er mich erblickt, ruft er in seiner direkten Art über den ganzen Platz herüber, damit es auch ja jeder hört:
»Ja, du wåmpate Sau!
Wie schaust denn du aus?!
Ja, gibt's des aa?!
Mei, bist du a wåmpate Sau wordn.
Eine Trumm Wåmpm hast du umhänga!«
Freudestrahlend bei allem und lauthals und herzlich sagt er mir das, wie er eben so ist, der Herbert: direkt und herzlich. Und natürlich ist er mein Freund und dazu einer von den ganz guten. Da war es denn schon eine Freude einerseits, das Wiedersehen nach so langer Zeit, aber das mit der »wåmpatn Sau«, das hat mich dann doch ein bisschen gewurmt irgendwie, aber anmerken habe ich mir nichts lassen. Warum auch, er hatte ja recht, der Herbert, leider, aber was soll man machen?
»Ja, hast du denn gar keine Bewegung?«, fragt er.
»Freilich habe ich Bewegung. Wo denkst du hin!
Jeden Tag gehe ich zu Fuß hinunter ins Dorf und zurück auch wieder zu Fuß. Ein Kilometer jede Strecke. Minimum!«
»Hihi, zwei Kilometer Tagesleistung! Ja, da wundert mich nichts mehr. 20 Kilometer müsstest du machen, aber nicht nur so ohne was, sondern mit Gepäck. 20 Kilometer mit 30 Kilo auf dem Buckel, das wäre das Richtige!
Und was machst du im Dorf, wenn du hinuntergegangen bist, einen Kilometer weit?
Ich kann es mir denken: Du gehst ins Wirtshaus. Schweinebraten, Knödel, Bier und alles nicht zu knapp.«
»Na ja. Na ja. Aber nachmittags gehe ich dann auch meistens noch einmal hinunter ins Dorf«, wende ich ein.
»Ja, sicher und da gehst du bestimmt ins gemütliche Café, denn da gibt es ja die gute Schwarzwälder Kirschtorte mit Sahne extra!

Dann ist das ja auch alles kein Wunder mit deiner Wåmpm!
Und die bringst du auch nicht mehr weg.
Aussichtslos.
Bei deinem Lebenswandel sowieso nicht.
Da müsstest du schon wirklich ganz hart vorgehen gegen dich.
In eine Gegend müsstest du gehen, wo es keine Wirtshäuser gibt.
Null-Wirtshaus-Gegend, verstehst du? Absolut Null!«
»Aber wo soll denn das sein auf unserem Planeten?
Sahara? Atacama? Namib? Gobi?
Und selbst dort gibt es Wirtshäuser, wenn ein paar Menschen
da sind.«
»Nein! Du musst da hingehen, wo überhaupt keine Menschen
sind. Denn wo keine Menschen sind, gibt es auch keine Wirts-
häuser.
Nach Lappland müsstest du gehen. Hinter den Polarkreis. Durch
Lappland müsstest du wandern. Mit Rucksack. Alles dabei für 14
Tage: Zelt, Essen, Kleidung, alles. Dann hättest du vielleicht noch
eine kleine Chance.
Aber wenn du hier so weitermachst als Warmduscher und Wirts-
hausgeher, dann wird das nichts. Dann schleppst du sie weiterhin mit, deine Saiwåmpm!«

Standpauke hätte man früher gesagt zu einer solchen Ansprache.
Aber vielleicht hat er gar nicht so unrecht, der Herbert. Meint es
womöglich gut mit mir. Sicher meint er es gut. Ganz sicher.
Rät mir zwar ab vom Schweinebraten und der Schwarzwälder
Kirsch, aber ich spüre irgendwie, dass er es gut meint, trotz der
Beleidigungen.
Und ich weiß ja genau, dass es die anderen auch denken, wenn
sie mich sehen, aber sagen tun sie nichts. Nur der Herbert, der
sagt es.

Also: Ich gehe nach Lappland.

Einen Rucksack kaufen

»Den Rucksack kaufst du am besten in einem Outdoorladen.«
»Was ist denn das, ein Outdoorladen?«
»Ach, das weißt du nicht?!«, sagt Uta. »Das ist ein Laden für alle
Extremsportler – Survival, Eiger Nordwand, Nanga Parbat.«
»Aber ich will doch nur wandern. Ein paar Berge vielleicht, aber
eher doch Flachland. Keine senkrechten Steilwände, ausgesetzte
Klettersteige, keine 8 000 Meter mit Sauerstoffgerät. Einfach nur
wandern, Schritt vor Schritt.«
»Trotzdem: Ohne modernen Rucksack geht das nicht, was du
vorhast, wenn du dort hinterm Polarkreis unterwegs bist, fern
jeder Zivilisation.
Deinen alten Rucksack, den kannst du ins Rucksackmuseum ge-
ben. Die freuen sich über so ein uraltes Stück.«
»Aber ich war doch schon überall mit diesem Rucksack, im
Odenwald, im Spessart, im Schwarzwald, im Frankenwald, im
Hotzenwald, im Bayerischen Wald und sogar in den Alpen.«
»Ja, genau! Aber jeden Abend bist du in einem schönen Wirts-
haus angekommen oder in einer Alpenvereinshütte. Da brauchst
du nicht viel mitzunehmen.
Nur, dort oben hinterm Polarkreis kommst du *nirgends* an. Weder
Wirtshaus noch Staufner Haus noch Haus überhaupt. Auf einer
Heidekrautfläche kommst du an. Weit und breit nichts. Keine
Hütte, soweit das Auge reicht. Und deswegen brauchst du ja auch
einen modernen Rucksack, in dem du alles mitnehmen kannst für
14 Tage ohne Zivilisation: Zelt, Isomatte, Schlafsack, Ersatzunter-
hosen, Ersatzsocken, Ersatzpullover, Ersatz-T-Shirts, Ersatzbatte-
rien, Seife, Rasierer, Zahnbürste, Zahnpasta, Kamm, Plastikschuhe, mit denen man die Flüsse durchquert, Essen für 14 Tage, dazu
einen Spirituskocher, denn du willst ja auch einmal etwas Warmes
essen oder trinken. Da kommt schon was zusammen.«

»Also gut. Obwohl – Kamm und Rasierer?«

Outdoorladen in Metzingen.

Vanessa Häberle steht auf dem Schildchen der zierlichen Verkäuferin im Outdoorladen.
»Einen Rucksack für Lappland.«
Sie verschwindet kurz und bringt dann etwas ganz Seltsames daher. Etwas, das aussieht wie der aufgelöste Gordische Knoten.

»Soll das ein Rucksack sein? Ich sehe gar keinen!«
»Ja«, sagt das Fräulein Häberle, »das hat man heute so! Das ist auch kein Rucksack wie früher, das ist ein *System*.«
»Aha, ein System. Aber ich wollte doch eigentlich einen Rucksack haben und kein System.«
»Ja, wissen Sie, da hat sich viel geändert, da wird heute viel drauf- und drangeschnallt außenherum. Nur das Wichtigste und das Wasserempfindliche ist innendrin. Schauen Sie, das sind drei Etagen im Rucksack übereinander. Jede ist einzeln zu öffnen: Keller, Wohngeschoß und Dachspeicher sozusagen.«
Sie erklärt mir, was wohin gepackt wird, und seltsam, seltsam: Das Schwerste kommt obenauf.
»Das Schwerste ausgerechnet obenauf?«
»Ja, so wird das gemacht.«
Ich will mich jetzt nicht mit dem Fräulein Häberle auf eine Diskussion einlassen über Schwerpunkt und Gleichgewicht, aber dann sagt sie: »Zu diesem Rucksack gibt es ein *Owners Manual*. Das bekommen Sie beim Kauf gleich mit und da können Sie zu Hause alles noch mal in Ruhe nachlesen über das System.«
Jetzt bekomme ich zu dem System also auch noch ein Handbuch. Rucksackhandbuch. Das Buch zum Sack. Oder sollte man sagen: das Buch zum System?

»Schauen Sie, wir haben hier einen Demo-Rucksack«, sagt Vanessa Häberle. »Den setzen Sie jetzt auf, damit ich sehen kann, wie die anatomischen Polster eingestellt werden müssen.«
Ich erschrecke: Anatomische Polster?
»Aber ich bin doch ganz normal. Ganz normale gewöhnliche Figur. Wozu denn anatomische Polster?«

»Ja, sehen Sie: hier die Schlüsselbeinpolster und hier die Schulterblattpolster und hier die Lendenwirbelpolster und hier die Hüftpolster. Die müssen alle ganz genau auf Ihre Anatomie eingestellt sein, sonst wird das nichts. Sonst haben Sie keine Freude an dem Rucksack und an der Wanderung und an allem.
So, und jetzt stellen wir das alles an Ihrem Rucksack genau nach unserem Demo-Rucksack ein.«

»Aber sagen Sie, Fräulein Häberle, was sind denn das da für zwei Seehundsflossen unten an dem Rucksack?«
»Das wissen Sie nicht? Das sind die gepolsterten Laschen für den Hüftgurt und die sind das A und O bei den modernen Rucksack-Systemen. Sehen Sie, wenn der Hüftgurt festgezurrt ist (sie zurrt ihn fest), dann liegt die Hälfte des Rucksackgewichts nicht mehr auf den Schultern und den Bandscheiben, sondern auf den Hüften und dadurch wird die Wirbelsäule entlastet, denn Sie müssen ja schon mit 30 Kilo Marschgepäck rechnen.«
»30 Kilo?? So viel??«
»Und deshalb sind sie ja auch so eine revolutionäre Erfindung, die Hüftgurte. Und dann natürlich die Hüftgurtschnalle. An der hängt alles, sozusagen Erfolg oder Misserfolg der ganzen Wanderung. Der ganze Tragekomfort der neuen Rucksack-Systeme läuft in dieser Hüftgurtschnalle zusammen.«
»Aber ich dachte doch, diese Hüftlappenflossen wären die eigentliche Revolution.«
»Ja, klar, das schon, aber ohne Gurt und Schnalle nützen sie Ihnen gar nichts.
Die Schnalle, sehen Sie, die ist es. Die hält alles zusammen.«
Liebevoll lässt Vanessa Häberle die Schnalle einrasten. Die Hüftgurtschnalle.
»Hören Sie das Klick?
Das ist es, dieses Klick!«
»Wenn die aber dermaßen wichtig ist, dann kommt sie mir doch etwas schwächlich vor, diese kleine schwarze Kunststoffschnalle, an der alles hängen soll.«
»Ja, wissen Sie, das denkt man nur. Das sind diese heutigen hochfesten Spezialkunststoffe aus Vietnam. Die ganzen Outdoorsa-

chen kommen aus Vietnam. Die verstehen etwas von Kunststoffen in Vietnam.«
Das lässt sie sich richtig auf der Zunge zergehen, das Wort »Vietnam«.

Der Rucksack, pardon, das Rucksack-System wird gekauft.

An der Kasse:
»Sagen Sie, Fräulein Häberle, waren Sie schon einmal in Lappland?«
»Nein!«
»Und Sie als Outdoorlerin, wo waren Sie da schon unterwegs?«
»Noch nirgends. Ich mache doch Ballett.«
»Und Rucksackwandern wenigstens? Sonntags oder so? Oben auf der Alb? Hundersingen? Gammertingen? Trochtelfingen?«
»Nein, das geht alles nicht, wenn man Ballett macht.
Wissen Sie, wegen der Wirbelsäule und den Bandscheiben.«

Na ja, denke ich, zuerst mal zu Hause das Owners Manual gründlich lesen, dann den Rucksack probeweise packen und wenn ich nicht zurechtkomme, dann schneide ich eben von dem ganzen Gurten- und Bändergewirr einiges ab, damit die Sache übersichtlicher wird. Damit das Ganze wieder aussieht wie ein richtiger Rucksack.

Ein Zelt

Nun musst du wissen, aber vielleicht weißt du es ja auch schon, nur ich wieder nicht, dass sich vieles verändert hat im Zeltbau. Vorbei sind die Zeiten der schönen Hauszelte auf den Campingplätzen, wo man fast drin stehen konnte, wo du auch eine Vorstellung hattest, wie das Zelt aussehen könnte, wenn es aufgestellt ist, weil es eben aussieht wie ein kleines Haus aus Stoff, mit Dachfirst, mit zwei Giebelseiten, mit zwei Stützen unter dem First – eine vorne, eine hinten –, mit den vielen Spannschnüren, die das Zelt so schön straff gemacht haben und an die man immer die nassen Waschlappen gehängt hat, dass sie trocknen über Nacht und dass ja keiner über die Spannschnüre stolpert, weil er sie nicht sieht. Aber das ist alles vorbei.

Heute hast du die Wahl zwischen Iglu, Tunnel und Geodät, aber stehen kannst du nirgends drin, denn diese Zelte sind alle nur blankes Survival, ohne jeden Luxus. Überlebenszelte. Für Extremsituationen.

Klar, dass du es da mit der Angst zu tun bekommst, denn du bist doch davon ausgegangen, dass du selbstverständlich überlebst bei dieser Wanderung. Zwar hoch im Norden aber doch harmlos irgendwie. Wenn die aber alle ein Survivalzelt haben, was ist denn dann los mit dieser Gegend? Brauchst du da ein Survivalzelt, damit du überhaupt überlebst?

Und wenn es wirklich tagelang regnet, wie sie sagen, und wenn du nicht weiterkommst im strömenden Regen, wie sie sagen, und wenn es mitten im Sommer schneit, wie sie sagen, wäre es da nicht viel besser, du hättest ein richtiges Hauszelt? Wo du fast drin stehen kannst und kannst wenigstens im Sitzen essen oder schreiben oder eben einfach nur sitzen?

Aber damit ist es nichts. Das ist im ganzen Outdoorkatalog nicht vorgesehen. Man muss als echter Outdoorler liegen bleiben, tagelang womöglich, bis der Regen aufhört oder vielleicht gar der Schnee.

Das kann ja heiter werden, denke ich, aber sagen tue ich nichts, denn ich kann seit dem Sturz vom Fahrrad bei Roßwag an der

Enz schlecht bis gar nicht auf der rechten Seite liegen. Da tut mir immer gleich die Schulter weh. Aber immer nur auf der linken Seite zu liegen, tagelang womöglich, oder auf dem Rücken, das gibt mir schon zu denken. Das könnte ich nicht. Denn in diesen Outdoor-Überlebenshilfen, die sich großspurig Zelte nennen, geht gar nichts anderes als Liegen.
Liegen und warten.

Und natürlich haben sie einen Grund für ihre Kleinzelte: Gewicht minimiert, Rauminhalt minimiert, Aufbauzeit minimiert, Spannschnüre minimiert, Preis aber maximiert.
Und dann das Angebot: Iglu, Tunnel, Geodät?
Haus ist gar nicht dabei. Schon vom Wort her nicht. Und Geodät, ist das nicht ein Beruf? Vermessungsbeamter oder so? Und Tunnel? Ist das nicht eher Tiefbau?
Iglu, na ja, das kennt man von den Eskimos. »Nanuk, der Eskimo« hat der Schwarz-Weiß-Film geheißen, damals im Eberbacher Gymnasium, den uns einmal die Erdkundelehrerin gezeigt hat, und in diesem Film kam ein Iglu vor. Aber der Film war in Schülerkreisen berühmt, das hatten wir schon von den Oberklassen gehört, weil nämlich eine kurze Szene vorkam, in der man die nackten Brüste von Nanuks Frau sah. Einen ganz kurzen Augenblick lang nur, aber immerhin.
Man mag es kaum glauben, wenn man an die heutige Nackteninflation im Fernsehen denkt, aber so waren eben die Zeiten damals.
Also mit dem Iglu kann ich noch am ehesten etwas anfangen, auch, wenn er nicht aus Eis und Schnee ist wie bei Nanuk, sondern nur aus dünnem Zeltstoff.
Was du aber auch nicht weißt aus deinen Pfadfinderzeiten, ist, dass diese Trekking-Zelte oder Survival Tents zweischalig sind.
Grundsätzlich zweischalig, also Innenzelt und Außenzelt.

Dann habe ich zu Hause den Rasen gemäht, schön kurz, und habe mir eine ebene Stelle ausgesucht und da ist es gar kein Problem gewesen mit dem Igluzelt. Das hat sich ganz leicht aufbauen lassen: Innenzelt, zack, zack, zack, Außenzelt zack, zack, zack.

Fertig. Ganz leicht haben sie sich in den Boden drücken lassen, die neuen Heringe aus Aluminium. Genial mal wieder, diese Vietnamesen. Nähen ein Igluzelt, das du aufstellen kannst wie nichts. Einfach genial.

Es ist zwar ein extrem heißer Tag im Juli bei meinem Probeaufbau, aber ich habe mir gedacht, es ist besser hier zu Hause das Owners Manual zu lesen als dort, wo es tagelang regnet oder schneit, und mitnehmen willst du es auch nicht wegen der Gewichtsersparnis und in 43 Sprachen.

Vorn und hinten hat das Igluzelt, also das Außenzelt vom Igluzelt, eine Apsis, wie sie dazu sagen. Das ist so eine Ausweitung für den Rucksack oder die schweren Wanderschuhe oder die Essensvorräte. Aber, Apsis, war das nicht eigentlich immer so ein architektonisches Detail in einer Kirche? Mit vielen hellen Fenstern und für den Altar erfunden, dass er herausgehoben wird aus dem Kirchenbau?

Aber hier im Survival ist er für die Rucksäcke. Rucksack-Apsis. Eigentlich für den Altar erfunden, haben ihn die Survivler zum Rucksack-Altarraum umdefiniert.

Klar, es gäbe schon noch leichtere Zelte als dieses Igluzelt. Vietnamesische Spitzenmodelle. Viel leichter als dieser Iglu.

Aber für die paar Tage so viel Geld hinlegen?

Da nehmen wir doch lieber das Kilo mehr in Kauf.

Wir kaufen das Igluzelt.

Tsching-li-bung-li-tang-li-wang

Muss denn das nun wirklich sein mit dem Schlafsack?
Reicht mir nicht auch eine Decke?
Eine einfache Wolldecke oder meinetwegen eine aus diesem
neuartigen, extrawarmen Kunststoffmaterial?
Federleicht und warm?
Muss es wirklich so ein umständlicher Schlafsack sein?

Aber da stoße ich im Outdoorladen auf völliges Unverständnis:
»Wo denket Sie naa!«, sagt Vanessa Häberle, und weil sie uns
vom Zeltkauf her schon kennt, verfällt sie gleich in ihr tiefes
Schwäbisch.
»Sie hent ja wirklich gar koi Erfahrong!
Ohne en guate Schlofsack goht nex im Outdoor!
Ond überhaupt do drobe in demm kalde Lappland! Noi, noi, was
gloubet Sie, do könnet Sie au glei dehoim bleibe ohne en guate
Schlofsack!«

»Aber die Lappen selbst, haben die denn Schlafsäcke?«, versuche
ich nachzufragen.

»Des spielt jetzt do koi Roll. Abr wenn Sie hentr denn Polarkreis
nuff wellet, dann goht des net ohne en ganz guate Schlofsack!
Sonscht verfrieret Sie noch womeeglich do drobe! Oddr?
Do send scho Leit soubr vafrore, do drobe.
Koin Schlofsack ghätt ond morgeds sen se steifgfrore dogläge
ontr ihra Deck.
Ja, was moinet Sie: Minus 40 Grad!«

»Ja, also, wenn das so ist, Fräulein Häberle.«

»Ha, no!
Minus 40 Grad!
Wo denket Sie naa!
Gucket Se! Mir hen do so e günschtigs Modell.

Des kommt direkt ous Vietnam. Gucket Se!

Isch richtig günschtig ond a echte High-Tech au noo.

Gucket Se, do hemmr en, denn Schlofsack: supr kloi, supr leicht, supr warm ond supr günschtig au noo. Gucket Se, do stoht's uuf em Etikett: *Tsching-li-bung-li-tang-li-wang. Made in Vietnam.*«

»Fräulein Häberle, glauben Sie denn, dass die Vietnamesen etwas von Schlafsäcken verstehen? Und überhaupt die kleinen Vietnamesinnen, ob die schon einmal zum Wandern in Lappland gewesen sind?«

»Gar koi Frog!

Dui verstandet ebbes.

Dui wisset älles ond dui könnet au ebbes.

Ond kalt ischs dort in demm Vietnam au, oddr?

Ond gucket Se, was im Katalog drin stoht:

Größtes Volumen bei kleinstem Packmaß und minimalem Gewicht.

Des ischt ebbes. Do sottet Sie zuagreife. Do müaßet Se zuagreife.

Des ischt halt a Qualität ond günschtig au no dezua. Oddr?«

»Gut, Fräulein Häberle, ich kaufe diesen Schlafsack aus Vietnam.«

Na, ja, so günstig ist er ja dann auch wieder nicht.

Aber er ist wirklich winzig, das muss man schon sagen.

Nicht viel größer als ein Knirps, nein, nicht viel größer als ein Brillenfutteral das Ganze.

Das war ein guter Kauf im Outdoorladen, denke ich auf der Heimfahrt.

Es ist eben doch ein Vorteil, wenn man sich vom Fachpersonal beraten lässt. Schließlich, wozu hat man sie denn, diese Fachleute!

Dann aber die erste Lappland-Nacht im Zelt mit meinem Schlafsackwunder aus Vietnam:

So viel Schlafsack kommt da heraus aus einem so winzigen Säckchen!

Ein Packwunder ist das und ich denke unwillkürlich an den »Geist aus der Flasche«. Da war ja auch etwas Riesiges in einem kleinen Fläschchen verpackt gewesen.

Es wird empfindlich kalt am Abend.

Und dann denke ich, das Fräulein Häberle hat recht gehabt: Ein warmer Schlafsack ist Gold wert hier oben hinterm Polarkreis.

Und dann denke ich wieder an die kleinen, klugen und flinken Vietnamesinnen, denen ich dieses Schlafsackwunder verdanke und vor dem Einschlafen überlege ich noch, was es denn heißen könnte, dieses Wort *Tsching-li-bung-li-tang-li-wang*. Ob es vielleicht *Packwunder* heißt?

Oder *Geist in der Flasche?*

Die Überraschung kommt am nächsten Morgen beim Einpacken.

Das Problem ist eigentlich ganz einfach:

Der Schlafsack muss in das Verpackungssäckchen zurück.

Weiter nichts. Ich packe die Schlafsäcke ein, Uta macht das Frühstück.

Aber alle meine Wickelkünste, Quetschanstrengungen, Draufsetzattacken, Pressungen helfen nichts. Ich kann machen, was ich will, ich bringe das Schlafsackwunder einfach nicht zurück in das kleine Säckchen. Nicht einmal zur Hälfte.

Jetzt habe ich mir schon zwei Fingernägel abgebrochen und einen dritten umgeknickt und dann gerate ich auch noch mit dem rechten Daumennagel beim Abrutschen in den linken Daumen hinein.

So ein blödes Pech!

Schnittverletzung.

Notapothekenbeutel.

Pflaster.

Weitere Bemühungen mit dem Schlafsack.

Vergebliche Bemühungen.

Zorn will in mir hochkommen, aber dann denke ich, es ist vielleicht ein Trick dabei.

Vielleicht müsste man nur wissen, was das geheimnisvolle Wort *Tsching-li-bung-li-tang-li-wang* bedeutet. Es könnte ja ein Schlüsselwort sein und man brächte den Schlafsack problemlos in das Säckchen hinein, wenn man das Wort übersetzen könnte.

Ist womöglich so was wie ein Owners Manual in Kurzform.
Owners Manual auf Vietnamesisch: *Tsching-li-bung-li-tang-li-wang*!

Natürlich haben sie dort einen schönen ebenen Packtisch in der Schlafsackfabrik in Vietnam. Und eine Vakuum-Maschine haben sie bestimmt auch noch dazu in Vietnam. Die saugt die Luft aus dem aufgeblähten Füllungsmaterial und einen Packautomaten werden sie obendrein noch haben und dann, denk doch an die geschickten Finger der Vietnamesinnen!
Das alles habe ich hier nicht, habe auch nur meine eigenen Finger dabei und dazu ein Pflaster am linken Daumen und einen unebenen Zeltboden.
Jetzt bitte keinen Zornanfall bekommen, denke ich, bloß das nicht, denn das hilft dir auch nicht weiter. Fluchen hilft auch nicht.
Und als dann später nach endlosen Versuchen nur noch ein Drittel des Schlafsacks aus dem Beutelchen heraushängt, denke ich: Lassen wir's dabei. Und ich denke, wie sie sich bestimmt köstlich amüsieren, die kleinen Vietnamesinnen, wenn sie die großen Schlafsäcke in die winzigen Säckchen hineinpacken mit ihren Verpackungsmaschinen.
»*Tsching-li-bung-li-tang-li-wang*« werden sie sagen mit ihrem asiatischen Lächeln im Gesicht und feixen werden sie, wenn sie an all die Outdoorler in Lappland denken, solche wie mich, und wie die jeden Morgen mit dem Schlafsack kämpfen.

Und dann habe ich meine Nichte getroffen.
Sie studiert Fernostsprachen und ich habe sie gefragt, ob sie nicht weiß, was dieses rätselhafte Wort bedeutet und ich schreibe ihr das Wort auf einen Zettel *Tsching-li-bung-li-tang-li-wang*.
»Kannst du das übersetzen?«

Da sagt sie nach einer Weile: »Das ist aber komisch.
Das Wort heißt:
Passt nicht in das Säckchen!«

Türen

In Ritsem öffnet sie sich, die Tür zum Wanderparadies.

Wenn du erst einmal in Ritsem bist, dann hast du es geschafft mit der Anreise, dann hast du die 3500 Kilometer hinter dir und das Wanderparadies liegt direkt vor dir. Du schaust über den riesigen Stausee hinüber und siehst am anderen Ufer das verlockende Akka-Massiv mit seiner unwiderstehlichen Anziehungskraft.

Aber es ist schon Abend, wenn du endlich mit dem Bus angekommen bist und erst morgen früh geht das Fährboot auf die andere Seite.

Das ist dann noch einmal so ein Ritardando.

Wir sind aber jedenfalls heilfroh, dass wir die Fjällstation Ritsem erreicht haben, jetzt gilt es noch, die erste Nacht in diesen Arbeiterbaracken zu überstehen und morgen früh wird mit dem Boot übergesetzt.

Als sie damals den Stausee gebaut haben, die Schweden, da waren Hunderte von Arbeitern nötig für den Straßenbau, für den Staudamm selbst, für das Kraftwerk mit den Turbinen, für die Uferbefestigungen, für die Stromleitungen und die müssen ja irgendwo wohnen. Da hat man hier in der absoluten Einöde dieses Arbeitslager gebaut aus lauter einstöckigen Holzbaracken.

Die haben den Eingang in der Mitte der Langseite. Von dort aus sind es zehn Zimmer nach jeder Seite und an jeder Stirnseite ist je eine weitere Tür, macht 23 Türen je Baracke.

Einige dieser früheren Arbeiterbaracken sind nun zu einem Wandererheim des schwedischen Wandervereins umgedeutet worden. Das Praktische war, dass man die Straße für den Bus schon hatte, und die führt direkt hierher in die Wildnis, 140 Kilometer weit von der letzten Ansiedlung nur durch lauter Wald, ohne ein Dorf, ohne ein Haus, nur durch menschenleeres Gebiet. Und einmal am Tag fährt der Bus auf dieser Straße und bringt die Lappland-Wanderer in die Ausgangsposition.

Diese wohnen nun die eine Nacht in den Baracken und wenn eine Baracke voll besetzt ist, mit zwei bis vier Personen je Zimmer, dann ist der Taubenschlag perfekt und dann ist in den Stoßzeiten schon so eine gewisse Unruhe, wenn du in der Mitte im Gemeinschaftsraum sitzt und willst deinen Tee trinken.

In allen Zimmern ist dann ein Kommen und Gehen, weil sie allesamt in Unruhe sind mit Kochen, Essen, Einräumen, Ausräumen, Waschen, Trocknen, nochmal ins Haupthaus rüberlaufen oder einfach nochmal draußen Luft schnappen und mit anderen Wanderern über die morgige Etappe sprechen.

Dann fallen viele Türen ins Schloss.

23 können es rein theoretisch sein und die meisten schlagen eben mehrmals zu.

Aber ich bin froh, dass wir endlich hier sind.

Und so sitzen wir mit unseren Teetassen im Gemeinschaftsraum der Arbeiterbaracke, wo auch noch andere sitzen mit Tee und Müsli, und da sagt die Uta zu mir: »Du hast ja jetzt *auch* den Tatterich!«

Mir fährt der jähe Schreck in die Glieder, denn meine Hand zittert wirklich sehr deutlich, wenn ich sie zum Mund führe.

Jetzt ist klar, wenn du aus einer Familie stammst, wo schon dein älterer Bruder den Tatterich hat und der jüngere hat ihn auch und bei deiner jüngeren Schwester fängt es auch schon an, dann bist du natürlich der nächste in der Reihe.

Und schon wird mir klar, dass ich all die schönen Zeichenprojekte nicht mehr werde machen können, wenn meine Feinmotorik nicht mehr mitmacht. Das ist jammerschade, aber ich bin selbst schuld: Warum habe ich sie immer nur aufgeschoben, anstatt sie gleich frisch anzufangen? Das rächt sich jetzt, denn es bleibt mir nur noch die Grobmotorik übrig. Und selbst da kann es zu Schwierigkeiten kommen, wenn etwa ein Gesicht fein ausgearbeitet werden muss. Und jetzt schaue ich auf meine Hand, die ich immer so völlig ruhig und unter Kontrolle hatte und die zittert jetzt so, dass ich Mühe habe, den Tee nicht zu verschütten.

Das ist ja eine herbe Urlaubsüberraschung!

Klar, das mit dem Tatterich, der eigentlich Tremor heißt, das ist so eine Familienkrankheit bei uns und meine Brüder können nichts dagegen machen und jetzt ist es schade, dass ich ihn auch habe und dass ich auch nichts dagegen werde machen können, und meine schönen Zeichenprojekte, von denen werde ich mich verabschieden müssen, denn wie willst du eine Zeichenfeder führen, wenn du den Tatterich hast? Das ist völlig aussichtslos.

Aus und vorbei!

Denn zum Zeichnen, da brauchst du eben die Feinmotorik, die absolute, wie sonst nur vielleicht ein Augenarzt oder ein Herzchirurg.

Und dann schaue ich zu Uta hin und was sehe ich: Uta hat ebenfalls den Tatterich.

Ich sage: »Uta, du hast *auch* den Tatterich. Pass auf, dass du deinen Tee nicht verschüttest!«

Und wie wir zu unseren Gegenübersitzern schauen, haben die auch alle den Tatterich und jetzt zittern wir sogar alle gleichzeitig, als einer der Angler, die hier übernachten, aus der Haupttür hinausgeht und sie so rücksichtslos ins Schloss fallen lässt, dass die ganze Baracke zittert.

Da fällt mir ein großer Stein vom Herzen, weil ich ja den Tatterich nun doch noch nicht habe, sondern weil es das unaufhörliche Türenschlagen in der Baracke ist, das fortwährend alles zum Erzittern bringt.

Dass einem fast der Tee aus der Tasse fällt.

Aber dann denke ich, dass es keinen Zweck haben wird, etwa einen Zettel aufzuhängen mit der Bitte, die Türen doch etwas leiser zu schließen. Es macht den Wanderern nichts aus, sie sind nicht so sensibel, dass sie ein Handzittern beim Teetrinken für bedenklich halten. Jung und robust sind die meisten von ihnen.

Und also werden die Türen in Ritsem auch jetzt, wo ich hier zu Hause am Computer sitze und schreibe, mit aller Macht ins Schloss fallen, dass die Baracken erzittern und es wird niemandem etwas ausmachen.

Aber für mich war das Händezittern bestimmt als Warnung gedacht, dass ich meine schönen Zeichenprojekte nicht weiter hinausschiebe und schon deshalb hat sie sich gelohnt, die Lapplandreise.

Aufsetzen und Absetzen

Tausend Kilometer bis zu Utas Tante in Südschweden mit dem Auto. Von dort nochmal 2500 Kilometer mit Bahn und Bus nach Ritsem in Lappland. Die letzten 140 Kilometer ist überhaupt kein Dorf mehr.

Das Licht ist hier anders als bei der Tante in Båstad. Die Luft auch. Ritsem ist die Fjällstation. Das sind mehrere Holzbaracken, und Ritsem ist dann auch unser Abschied von der Zivilisation.

In Ritsem ist die Luft so voller Schnaken, wie ich es mir gar nicht habe vorstellen können. Es fängt an zu regnen. Dunkel wird es nicht. Der Himmel bleibt ziemlich hell die ganze Nacht über.

Wir gehen in die Wirtshausbaracke: Noch ein letztes Bier.

Ein junger Mann erzählt, dass er Frau und zwei Kinder hat, dass er aber fortwährend, sozusagen immer, hier oben wandern muss, weil er nicht anders kann. Ein anderer fragt mich, ob ich denn meinen Rucksack schon einmal ohne die Zwischenstationen von Stuhl, Tisch oder Theke aufgesetzt hätte.

»Habe ich nicht, denn es war ja immer mindestens ein Stuhl in der Nähe.«

»Da draußen ist kein Stuhl«, sagt er. »Tisch und Theke ist auch nicht. Du musst die 30 Kilo von der Erde auf deine Schultern hinaufbringen.«

Es stellt sich heraus, dass er ein Experte ist im Erklären, wie man einen Rucksack aufsetzt, denn er hat hier schon Wandergruppen geführt.

Man muss aber hierzu sagen, dass mein Rucksack wie alle Rucksäcke hier oben eher einem Turm gleicht als einem landläufigen Rucksack vom Onkel Förster, und dass er wie bei allen anderen auch, hoch über meinen Kopf hinausragt, wenn ich ihn aufgesetzt habe. Ich bleibe grundsätzlich an jedem Türstock damit hängen, wie die anderen auch.

»Komm her«, sagt er, »das geht so: Stell den Rucksack hier vor dir auf den Fußboden!«

Das einfache Hochheben kostet mich schon wieder diese ziemliche Mühe, denn der Rucksack wiegt 30 Kilo.

»Jetzt machst du den Reißverschluss von deinem Anorak zu, sonst zerrst du den halben Anorak mit dem Rucksack nach hinten auf den Rücken.«

Aha! Reißverschluss zumachen. Muss einem ja jemand sagen!

»Fasse jetzt den Rucksack mit beiden Händen fest an der Abseilschlaufe.«

Habe ich noch nie benutzt. Wo ist die denn? Aha, hier oben!

»Hol tief Luft, halt den Atem an und setz den Rucksack auf dein vorgestelltes linkes Knie.

Gut so!

Jetzt fädle deinen rechten Arm durch den Tragegurt so weit wie es geht.

Gut so!

Mit einem Schwung aus Knie und Arm wirfst du den Rucksack jetzt auf den Rücken. Pass auf, dass es dich nicht umwirft dabei. Halt, halt, nicht das Gleichgewicht verlieren! Jetzt fädelst du noch den linken Arm ein und bringst den Rucksack auf dem Rücken durch Anrucken in Position. Ziehe an den beiden Einstellgurten, mit denen die Länge der Schultertragegurte verändert wird. Hierbei musst du den Rucksack mehrere Male durch Rucken anheben, damit sich diese Gurte einstellen lassen. Jetzt pass auf, jetzt kommt das Wichtigste, der Hüftgurt.

Er muss stramm sitzen. Wenn die Schnalle ›Klick‹ gemacht hat, kannst du noch die Gurtlänge regulieren. Du ziehst einfach hier am freien Gurtende.

Zuletzt stellst du noch den Brustgurt ein. Der läuft quer über den Brustkorb und verhindert, dass dir die Schultergurte von den Schultern rutschen.

Der hat auch eine Schnalle, die klickst du ein, spannst den Gurt nach und schon bist du fertig und kannst loswandern.

Einen Stecken solltest du noch haben.«

»Wozu denn einen Stecken? Ich wandere immer ohne Stecken.«

»Doch, doch, der ist schon praktisch: Du kannst dich abstützen, wenn du das Gleichgewicht verlierst oder wenn du durch ein Wildwasser watest.«

»Wildwasser watest? Sind da keine Brücken? Und woher kriege ich einen Stecken? Hier wächst doch gar nichts Steckenähnliches.«

»Du brauchst dir keinen neuen Stecken zu schneiden. Die Lapplandwanderer haben so einen Brauch: Sie lassen ihren Wanderstecken an der letzten Wanderstation zurück. Drüben auf der anderen Seeseite, wo der Padjelantaleden, beginnt, wirst du einen finden.

So, jetzt weißt du, wie man einen Rucksack aufsetzt.

Sollen wir alles noch einmal durchspielen?«

»Nein, nein, geht schon, danke dir, weiß jetzt alles, worauf es ankommt.

Komm, ich spendiere dir ein Bier.

Wann geht denn das Schiff morgen früh?«, frage ich.

»Um acht, wenn der Sturm nicht zu stark ist. Um acht. Aber es wartet nicht! Punkt acht!«

Der Regen ist stärker geworden. Der Sturm hat die Schnaken weitergeweht.

Der Turm-Rucksack steht auf dem Fußboden.

Sieht fast bedrohlich aus, finde ich. Nicht so freundlich und harmlos wie mein alter Wanderrucksack.

Aber vielleicht passt er zu der Wanderstrecke. Da hat man ja auch schon so manches gehört!

Sturm

Am nächsten Morgen ist es schon viel zu spät, als wir aufwachen. Das Licht hat sich nicht geändert. Morgenglanz der Ewigkeit? Nichts davon, eher noch finsterer geworden als gestern Abend. Es regnet in Strömen.

Wo ist das rote Regencape?

Alles schnell zusammenrollen, schnell, schnell, vergurten, verschnüren, verrollen, verstauen, verzurren und dann den Rucksack auf.

Wie war das gestern? Ach, hier ist ja noch ein Tisch zum Rucksackaufsetzen, zum Glück. Da brauche ich das nicht mit dem vorgestellten Knie.

Schnell, schnell. Es wird knapp! Jetzt den Rucksack auf!

Verdammt: Vergessen den Anorak zuzumachen!

Jetzt ist die ganze rechte Anorakseite mit dem Fotoapparat in der unteren Anoraktasche auf den Rücken gerutscht, genau unter die Lendenpolster. Es drückt, aber egal. Hauptsache, wir erreichen das Schiff. Die Hüftgurtschnalle bringe ich schon gar nicht erst zu. Wahrscheinlich wegen dem Fotoapparat auf dem Rücken. Die lasse ich einfach mal offen. Egal, ob A und O! Schnell muss es gehen!

Hinunter zum Schiff.

Es regnet in Strömen. Wird immer schlimmer, der Regen. Das Regencape habe ich auch nur höchst provisorisch über mich gezogen. Der Sturm hat zugenommen. Man muss aufpassen, dass einem das Regencape nicht über alle Berge davonfliegt.

Wir eilen hinunter zum Bootssteg.

Es ist hastig. Es ist eng.

Viele Passagiere sind an Bord der kleinen Blechkiste, zu der sie hier *Schiff* sagen. Die Rucksäcke bleiben draußen auf dem Vordeck. Provisorisch zugedeckt vom Steuermann und seiner Helferin.

So ein Ferienjob wahrscheinlich. Studenten aus Uppsala? Hoffentlich bringen die uns heil ans andere Ufer. Der See ist aufgewühlt und er ist groß. Eineinhalb Stunden soll sie dauern, die

Überfahrt. Es wundert mich, dass der junge Mann sich das zutraut bei den hohen Wellen. Viel sehen kann er nicht.

Dann sagen sie, so ein Sturm sei den ganzen Sommer über noch nicht gewesen und der Pfarrer hätte nicht nach Vaisaluokta übergesetzt werden können ins Sommerlager der Rentierzüchter. Er habe den Hubschrauber nehmen müssen.

Das ist also nun mein erster Eindruck von der Wanderung, die uns bevorsteht: Ein kleines Eisenschiffchen mit Dieselmotor, so, wie man sie auf dem Neckar zum Übersetzen hat, ein paar Plätze mehr vielleicht. Aber auf dem Neckar käme niemand auf den Gedanken, bei solchem Seegang überzusetzen. Den gäbe es dort auch gar nicht.

Ich will zugeben, dass ich kein großer Seefahrer bin, obwohl doch am Neckar aufgewachsen. Klar, dass ich alle Arten von Ruderbooten gefahren bin, einschließlich eines Vierer-Rennruderbootes, und auf den Neckarschiffen bin ich auch oft genug mitgefahren. Aber da geht es immer ganz ruhig zu, ruhiger als in einem Auto oder in der Bahn kann man sagen. Besonders die großen Neckarschiffe fahren sehr ruhig.

Und ich bin auch schon oft genug in Kajaks und in Kanus gesessen, die ich mit meinen Studenten jedes Jahr gebaut habe, aber da sind wir auf dem Kocher, auf der Jagst, auf der Lauter und eben auf dem Neckar und auf dem Rhein gefahren.

Aber da bist du nie weit weg vom Ufer. Das verlierst du zu keinem Zeitpunkt aus den Augen und im Falle eines Falles kannst du dich mit Leichtigkeit ans Ufer retten. Aber hier auf diesem riesigen See und bei diesem Wellengang und bei dieser Wassertemperatur weit hinterm Polarkreis? Das kleine Schiffchen stampft auch gewaltig und man fühlt sich schon irgendwie ausgesetzt. Denn was wäre wohl im Falle eines Falles? Das Ufer könnte keiner erreichen, noch dazu ohne Schwimmweste und bei diesem Wellengang. Wenn man überhaupt herauskäme aus dem Eisenschiff.

Aber die meisten Passagiere sind quietschvergnügt, lachen lustig und sind guter Dinge.

In Akka steigt die Hälfte aus. Wir fahren weiter nach Vaisaluokta.

Im strömenden Regen geht es die steile Böschung hinauf. Wegen des wechselnden Wasserstandes – der See ist ein Stausee – ist die steinige und steile Uferböschung ohne Vegetation. Nur Steinblöcke. Schwer zu erklimmen bei diesem Wetter und mit dem Ungetüm von Rucksack!
Oben, nicht weit, erreichen wir das Wandererheim, unsere Ausgangsstation.
Wenn der Regen aufhören würde, könnten wir bestimmt weit über den See hinwegschauen, denn die Hütte liegt ziemlich hoch auf dem Ufergelände.
Und dann eine Überraschung:
Mein Fotoapparat hat ohne mein Zutun schon 150 Bilder gemacht. Bei jedem Schritt hinunter zum Schiff in Ritsem hat er einmal ausgelöst, als er eingeklemmt war zwischen Rucksack und Lendenpolster. Alles schwarz. Vielleicht kann ich die Bilder brauchen, wenn ich womöglich mal einen Vortrag halte über die Polarnacht.

Traugespräch

Wir sind spät dran an diesem Samstag. Das Boot ist zwar schon um 8 Uhr von Ritsem losgefahren, aber dann war dieser Sturm und dann waren die hohen Wellen und da hat es vielleicht noch länger gedauert als normal.

Und jetzt sind wir richtig spät dran, so spät, dass es eilt, denn von der Bootsanlegestelle ist es noch eine knappe Stunde vielleicht, sagt Uta. Das war ja schon vor fünf Jahren, als sie das erste und letzte Mal hier war und da weiß sie es nicht mehr so genau. Aber ziemlich weit weg vom Wandererheim oberhalb der Bootsanlegestelle war es schon, das weiß sie noch.

Wir sind dann auch gar nicht erst zum Wandererheim gegangen, zum Beispiel um die Rucksäcke abzulegen, sondern sind gleich auf die Kirche zu mit allem Gepäck und im strömenden Regen natürlich.

Der Weg hat die Breite für eine Person, wenn diese nicht zu breit ist. Ein Weg in unserem Sinne ist es sowieso nicht, sondern ein Pfad. Am Tag unserer Ankunft aber ist es kein Pfad, sondern ein Bach, ein ziemlich munterer Bach mit ziemlich viel Wasser. Der Pfad, der heute ein Bach ist, geht immer wieder in Felsklippen über. Scharfkantig wie riesige Pflugscharen schauen sie aus dem Untergrund heraus. Irgendjemand in der Eiszeit hat sie senkrecht gestellt, damit man nicht so gut durchkommt. Irgendjemand hat auch die unzähligen Felsklötze hier heruntergeworfen in der Größe von Gartenhäusern bis zu Einfamilienhäusern, alle scharfkantig, alle wie ganz neu, aber alle doch schon seit der Eiszeit hier verstreut. Das ganze verblockte Felsgelände ist mit Krüppelbirken überwachsen. Ein Haus sieht man nicht, weder von den Rentierzüchtern, die hier angeblich wohnen sollen, noch irgendetwas von einem Pfarrhaus. Wo sollte es auch stehen in diesem entsetzlichen Felsengewirr.

Uta ist vor mir in ihrem roten Regencape in den Felsen verschwunden, da stürze ich zwischen die Felsklippen, die der Weg sind, versuche mich mit der rechten Hand abzufangen, aber der

Rucksack ist schwer und ungewohnt, verändert das Gleichgewicht und verändert die Reaktionen, macht deutlich unbeholfen. Ich falle auf die rechte Hand und die rechte Schulter, auch gleich noch auf die rechte Hüfte, habe aber Glück dabei, dass ich mir an den scharfkantigen Klippen nichts Schlimmeres getan habe, als die Hand verstaucht, die Schulter gestaucht und die Hüfte geprellt.

Uta hat nichts davon gemerkt. Ist weitergepatscht im Regen auf der Suche nach dem Pfarrhaus. Jetzt ist sie stehengeblieben.

»Ja, hier muss es weitergehen. Damals war der Weg auch schon schlecht und nass. Und weit war es auch. Aber irgendwo da hinten muss es kommen in den Krüppelbirken. Nein, eine Straße gibt es hier nicht. Wozu auch? Es gibt doch keine Autos. Es sind nur solche Fußwege durch die Krüppelbirken.«

Als ich schon denke, es kommt überhaupt nichts mehr, stehen wir plötzlich vor einem großen Grashaufen.

»Das ist sie, die Kirche«, sagt Uta.

Sie übertrifft alle meine Erwartungen, denn auf dem Foto von vor fünf Jahren, hatte sie irgendwie anders ausgesehen. Die Kirche ist es aber gar nicht, was wir suchen. Wir suchen ja das Pfarrhaus. Wo ist es denn?

»Irgendwie war es den Berg hinauf.« So genau weiß sie das nicht mehr, denn es ist doch schon fünf Jahre her und damals hat es geregnet, wer weiß wie.

Jetzt regnet es aber auch wer weiß wie und ich sage: »Die Rucksäcke lassen wir hier!«

Da ist so eine Art Gartenhäuschen auf vier Stelzenbeinen, nicht größer als ein Klavier, da stellen wir sie drunter. Nass sind sie eh schon.

Bis jetzt haben wir noch keinen Menschen zu Gesicht bekommen. Ich glaube längst, es gibt hier gar keine. Aber zum Pfarrer ins Pfarrhaus müssen wir schon. Das ist so ausgemacht über Internet und Mail. Der weiß zwar schon über alles Bescheid – Mail nach Jokkmokk, Mail nach Hohenklingen, Mail nach Jokkmokk, Mail nach Hohenklingen, modern ist er, der Johan Märak –, aber schließlich will man sich doch auch mal sehen, von Angesicht zu Angesicht, miteinander sprechen, die Lieder ausmachen. Das Trauegespräch führen.

»Da oben muss es irgendwo sein. Ich bin damals so ein Stück bergauf gestiegen. Ein ziemliches Stück. Aber es hat so schrecklich geregnet!«

»So wie jetzt?«

»Ja, so.«

Im Regen steigen wir bergan, immer weiter, linkerhand ein tosender Wildbach mit einem Wasserfall, so laut, dass man sein eigenes Wort nicht versteht, und dann stehen wir auf einmal vor einem weiteren Grashügel, dem Pfarrhaus.

Freundlicher Empfang.

Johan Märak, schlank, weißhaarig, ganz in Schwarz mit Schaftstiefeln und mit einem großen Finnendolch am Gürtel.

»Ja, Uta, du bist das! Vor fünf Jahren hast du hier deine Schuhe getrocknet. Es kommt ja sonst niemand zum Schuhetrocknen. Du warst die Einzige in den fünf Jahren. Das genügt uns. Wir kennen dich. Nice to meet you!«

Zuerst borgt er mir ein trockenes T-Shirt. Ich wickle meines um das Ofenrohr in der Mitte des Raumes zum Trocknen.

Wir überreichen unsere Geschenke: Zwetschgenwasser aus eigener Produktion und Schwarzwälder Schinken. Johan und seine Frau Walburg laden uns ein zum Rentierschinken. Der ist fast schwarz und schmeckt süßlich.

»Was für Lieder wollt ihr denn singen?«, fragt Walburg, die auch Kantorin ist.

»Also, *Lobe den Herren* und *Nun danket alle Gott* können wir auswendig. Gesangbücher brauchen wir nicht. Drei Verse reichen je Lied.«

Auf dem Fußboden rennt andauernd eine dicke Maus umher. Keiner nimmt Notiz von ihr. Der Fußboden ist aus Schotter. Aus dem Schotter sucht sie sich die Krümel heraus. Sie nimmt keine Notiz von uns. Die Innenwände der Graskuppel, die das Pfarrhaus ist, sind aus Krüppelbirken. Sie gehen in die Decke über, die aber keine Decke in unserem Sinne ist, sondern die Fortsetzung der Wände, die aber auch wiederum keine Wände in unserem Sinne sind. Wir befinden uns in einer Kuppel aus Birkenstämmchen innen und Graswasen außen mit einem kreisrunden Grundriss von vielleicht acht Metern Durchmesser. Möbel gibt es nicht. Ein Tisch mit vier Stühlen und eine Pritsche mit einem Rentierfell, dazu in der Mitte der eiserne Holzofen, das ist der ganze Luxus. Elektrischen Strom oder fließendes Leitungswasser haben sie auch nicht im Pfarrhaus. Niemand hat das hier. In Jokkmokk haben sie das. Dort haben sie auch eine Orgel in der Kirche. Aber hier in Vaisaluokta ist das Sommerlager der Rentierzüchter. Da wird in der Kirche nur gesungen. *A capella* sozusagen, also Menschenstimmen ohne jede Begleitung auf Instrumenten.

Johan Märak erzählt, dass er 3 000 Rentiere hat. Ungefähr. Seine Frau, die Organistin, hat 1 000. Aber auch nur ungefähr. Früher hat er mehr gehabt.

Ja, es stimmt, dass sie die Rentiere mit Hubschraubern zusammentreiben. Das sei nichts Ungewöhnliches, denn es gibt ja keine Straßen. Da sei der Hubschrauber schon das Praktischste.

Wie ein Taxi ist das, sagt er, und sie sind ja auch mit dem Hubschrauber hergekommen. Das ist das Einfachste.

Aber innerlich staune ich dann schon über den Zusammenprall der Welten: Hier das Pfarrhaus als hohler Grashaufen ohne Wasser und Strom und da der Hubschrauber.

Da kannst du lange drüber nachdenken, weil sich ja der Hausbau in Lappland bei den Rentierzüchtern seit der Eiszeit nicht verändert hat und die Rentiere haben sich auch nicht verändert und nicht einmal die Maus im Pfarrhaus hat sich in den 10 000 Jahren verändert. Und wenn ich mir den Johan Märak anschaue und seine Frau Walburg, oder wenn ich die Uta anschaue und mich?

Also, da kannst du schon lange drüber nachdenken. Zeit hast du ja genug, wenn die Wanderung erst angefangen hat.

Dann ist mein T-Shirt am Ofenrohr trocken und das Traugespräch ist beendet.

Es regnet weiterhin in Strömen und wir müssen jetzt erst einmal hinunter zu unseren Rucksäcken und dann auf dem Weg, der heute ein Bach ist, zurück zum Wandererheim oberhalb der Bootsanlegestelle.

Das fängt ja gut an, denke ich, aber sagen tue ich nichts.

Die Kirche

Zwischen den Krüppelbirken und dem Gebüsch und in all dem Regen ist sie fast nicht zu erkennen. Aber ohne den Regen sähst du sie auch nicht. Zu fremdartig ist das, was da steht, sodass du es zuerst gar nicht als Bauwerk erkennst, wenn du davor stehst. Denn dein Auge hat auf der Suche nach einer Kirche nicht auf das Vorhandene reagiert. Dann stehst du aber direkt davor und hältst das Ganze eher für einen riesigen alten Maulwurfshaufen, mit Gras und kleinen Bäumchen überwachsen im Lauf der Jahre. Das, was vor dir als Bauwerk steht, geht in Farbe und Material völlig in der Umgebung auf, es hebt sich nicht ab, nicht im Geringsten.
Es gibt keine senkrechte Wand, keine senkrechte Linie, keine waagerechte Linie. Es ist wirklich so, als hätte man eine Kuppel aus Graswasen zwischen die Krüppelbirken gestellt, aber eine Kuppel ohne Tambour. Lediglich die Überwölbung einer Kreisfläche ist übriggeblieben. Sogar die Tür haben sie schräg in die schräge Kuppelwand eingebaut.

Dann aber, wenn du den Innenraum betrittst, folgt augenblicklich die Überraschung. Das Innere steht in völligem Kontrast zur äußeren Erscheinung. Hast du dem Bauwerk wegen seiner Außenansicht überhaupt nichts zugetraut, dann erfasst dich jetzt ein überraschendes Gefühl von plötzlichem Zuhausesein – fast ein Wohlgefühl, schwer zu beschreiben, eine sympathische Umgebung ohne diese Fremdheit, wie sie viele unserer heutigen Wohnungen haben.
Was ist es, das dieses Gefühl schafft?
Ist es der Kuppelraum, der das Himmelsgewölbe nachbildet?
Das Holz, aus dem alles gebaut zu sein scheint?
Die Einheit des Raums, mit einem Blick überschaubar?
Das fehlende Mobiliar?
Natürlich siehst du im Rauminneren sofort, dass sie hier oben hinter dem Polarkreis keine richtigen großen Bäume haben. Solche, aus denen man Bretter und Balken sägen kann. Und deshalb haben sie die Krüppelbirken, Stämmchen an Stämmchen

rundherum gestellt, alle gleichmäßig etwas schräg nach innen geneigt, und weil die Bäumchen hier nicht hoch werden, ist auch der untere Teil der Kuppelwand nur etwa zweieinhalb Meter hoch. Dort haben sie dann aus den gleichen Stämmchen die Kuppel nach innen geschlossen, alles auf einfachste Weise. Nach außen hin folgt auf die Stämmchen eine Schicht Birkenrinde und dann, ganz außen die Graswasen, die mit ihrem Gewicht die ganze Konstruktion zusammenhalten. Sie bilden den Außenbelag der Wand und geben dem Bauwerk für unsere Augen den Charakter eines absoluten Nicht-Bauwerks, wenn wir es von außen betrachten. Die Konstruktion ist ein »Ein-Raum«. Es gibt keinerlei Trennwände oder abgesonderte Raumkompartimente. Im Zentrum steht der Ofen. Das Rohr geht durch den Scheitelpunkt der Kuppel. Da ist keine Belastung. Das Pantheon in Rom fällt mir ein. Die wussten es damals auch schon, dass auf den Kuppelscheitel keine Last wirkt und dass man da am ehesten und gefahrlos ein Loch machen kann.
Die Kirche ist geräumig. Der Durchmesser des Grundkreises mag neun Meter betragen.

Wenn der Blick erst einmal geschärft ist, siehst du auf einmal überall zwischen den Krüppelbirken solche Lappenhäuser, wie die Kirche eines ist, schwer zu erkennen und in ganz unterschiedlichen Erhaltungszuständen.
Weiter unten am Hang stehen auch moderne Bretterhäuschen. Sie sehen aus wie unsere Gartenhäuser. Aus diesen und den historischen Häusern besteht das Sommerlager der Rentierzüchter. Kirche, Gemeindehaus und Pfarrhaus sind drei gleichartige Naturbauwerke. Sie gehören zu den traditionellen Bauten der Sami und sind ohne Architekten entstanden.
Und natürlich habe ich gleich überlegt, ob man sich zu Hause im Garten nicht auch ein solches Kuppelhaus bauen sollte.
Als Refugium.
Es wäre ja überhaupt kein Problem, die Stangen zu besorgen für die Holzkuppel. Und die Rindenlage könnte man auf einfache Weise ersetzen mit einer Noppenbahn. Auf diese dann die Graswasen. Die würden sicher ganz gut halten auf der Noppenbahn.

Denn wahrscheinlich ist es doch die urtümlich gewölbte Decke, die das Wohlgefühl hervorruft. Unsere Flachdecken sind ja völlig unorganisch im Vergleich dazu. Aber die Samihäuser, ob nun Kirche, Gemeindehaus oder Pfarrhaus: Du trittst ein und fühlst dich augenblicklich zu Hause.

Eine starke psychische Kraft geht von diesen Bauwerken aus, denke ich. Es kann nicht nur das Ungewohnte sein. Es ist etwas Archaisches, das die Verbindung schafft. Vielleicht ist es auch die Reduktion des Himmelsgewölbes, wie sie so viele Kirchenarchitekten immer wieder versucht haben.

Zu den Samihäusern sagt man zwar »primitive Architektur«, aber unsere Zimmerdecken kommen mir viel primitiver vor: völlig ebene Deckflächen, quasi Schachteldeckel. Alle unsere rechtwinkligen Zimmer mit ihren pedantischen Rechtwinkligkeiten, auf die wir uns so viel einbilden, sind sowieso nur jämmerliche Schachteln, sonst nichts. Eine Schachtelwelt ist es, in der wir leben.

Pappschachtel?

Schuhschachtel?

Bretterkiste?

Wohnen wir nicht in steinernen Schachteln? In rechtwinkligen, quaderförmigen Schachteln aus Steinen, die wir Häuser nennen?

Früher, in der Zeit des Barock, hat man in den großen Steinschachteln dieser Art den Himmel von innen auf den Schachteldeckel gemalt, wo man es sich leisten konnte, in Kirchen, in Schlössern, in Orangerien, in Eremitagen. Dann war er wieder da, der Himmel, der kuppelförmige. Aber diejenigen, die es sich nicht leisten konnten und leisten können, nämlich sozusagen alle, die sind bis heute zugedeckelt.

Rührend die Versuche, den Schachteldeckel auf dem täglichen Leben irgendwie erträglich zu gestalten: farbige Tapete, Raufaser, Strukturbelag, Kellenputz, Profilbretter, Scheinbalken.

Aber Deckel bleibt Deckel.

Und die Schachtelwände? Bilder mit schönem Schein, schöne Landschaften, Stoffbahnen, Wandteppiche, skurrile Objekte, Geweihe, ausgestopfte Tiere, afrikanische Schnitzfiguren, Klimbim?

Die Leute bemerken die architektonische Öde in ihren Wohnschachteln. Sie spüren die psychische Kälte und deswegen hängen sie sich die Wände zu und krempeln die Wohnschachtel voll mit dem unsinnigsten Zeug, immer auf der Suche nach der psychischen Wärme, nach der Behaglichkeit, nach der Wohnlichkeit, nach dem Zuhause, nach dem Refugium.

Schachtelbewohner sind wir alle im Vergleich zu den Lappen mit ihren Kuppelhäusern.

Und in einem solchen Kuppelhaus – habe ich gedacht – kann den Bewohnern auch nicht die Decke auf den Kopf fallen, wie es hier bei uns so häufig geschieht.

Der Grund?

Sie haben gar keine separierte Decke, nichts, was man als lästige Deckelung sieht.

Vielleicht sollte ich doch so ein Kuppelhaus im Garten bauen!

Im nächsten Sommer?

Aufbruch ins Ungewisse

Klar, das hört sich schon hochtrabend an irgendwie, aber andererseits: Trage doch mal jemanden huckepack, der 30 Kilo wiegt. Und das nicht nur spaßeshalber über die Wiese, sondern zwölf Tage lang über Stock und Stein, über schlechte Wege, steile Schneefelder, durch Wildwasser, die direkt vom Gletscher herunterkommen, kalt wie Eis, so kalt, dass es dir den Atem verschlägt, über glitschige Bretter, über schwankende Stege, über zerbrochene Plankensteige, durch Sumpflöcher und durch morastige Wegstrecken.

Und wenn du diesen Jemand huckepack genommen hast, dann ist das nicht lustig, denn du weißt ja, dass er dir bis zum Abend auf dem Rücken hocken wird. Unterhalten kannst du dich auch nicht mit ihm, denn er spricht ja nicht, der Rucksack. Mit der Wandergefährtin zu sprechen, ist aber auch schwierig, denn man geht fast immer hintereinanderher auf den schmalen Pfaden und oft genug in größerem Abstand. Selbstgespräche kannst du führen, aber die sind nicht erbaulich. Du kommst ja auch selber schlecht weg bei diesen Selbstgesprächen, denn du kannst niemandem die Schuld daran geben, dass du mit einem unerträglichen Gewicht auf dem Rücken durch die Einöde stapfst.

Tagelang.

Also, wenn die hundert Sachen morgens nach dem Frühstück rund um das Zelt verteilt liegen, dann glaubst du nicht, dass das alles im Rucksack Platz gehabt hat und auch wieder Platz haben wird. Aber nach und nach findet alles in den Rucksack zurück und am Ende bleibt doch nur noch, ihn aufzusetzen.

Setz ihn einfach auf! Der Mann in Ritsem hat's dir doch gezeigt.

Aber schon beim Anheben will dir der Mut sinken.
Zu schwer für mich, denkst du, viel zu schwer, aber setz ihn doch einfach auf!
Was sind schon 30 Kilo?!
Setz ihn auf!

Dass das nicht einfach ist, allein schon von der Technik her, kannst du dir leicht vorstellen und wenn du schon mal im Baumarkt einen Sack Gips mit 30 Kilo Gewicht herumgehoben hast, dann möchtest du den so schnell wie möglich wieder absetzen. Aber damit ist es hier nichts, mit dem Absetzen. Im Gegenteil!

Dann hast du es aber irgendwie geschafft, hast tief Luft geholt und hast den Rucksack tatsächlich oben. Ist nicht einfach. Dann kommt wieder das Schwanken, wenn du ihn oben hast, denn du musst ja erst mal wieder mit der neuen Schwerpunktverteilung fertig werden und dann kommt dieses Gefühl, nein, dann kommt die Gewissheit, dass du dieses schwere Gewicht bis zum Abend auf dem Rücken haben wirst.

Das drückt aufs Gemüt und mit diesem Druck aufs Gemüt und auf die Bandscheiben ist dann auch der Reiz der grandiosen Landschaft sehr deutlich gemindert. Kann gegen Null gehen, der Reiz, denke ich, und bestimmt haben die Sherpas, die den Himalaja-Expeditionen die Ausrüstung ins Basislager tragen, auch nicht viel vom Reiz der Achttausender rundherum.

So wie wir vom Kebnekaise oder vom Blåmannsisen.

Und mit 30 Kilo auf dem Rücken wäre selbst eine Wanderung im Paradies für mich kein Vergnügen, nicht einmal bei paradiesisch guten Wegen durch lauter Gärten mit Apfelbäumen. Die aber haben wir hier nicht, die guten Wege, wenngleich man sagen muss, dass sie sich schon Mühe gemacht haben, die Schweden mit ihren Lapplandwanderwegen, mit diesen Plankenwegen durch die endlosen Moorflächen und Sumpflöcher, auf denen sonst überhaupt kein Durchkommen wäre, höchstens für Rentiere mit ihrem federleichten Galopp. Aber die haben ja auch keine Rucksäcke zu tragen.

An diesem Tag, am Tag nach der Hochzeit in Vaisaluokta, beginnt die erste Etappe unserer Wanderung. Sie soll zugleich unsere Hochzeitsreise sein. Am Wandererheim haben wir tatsächlich, wie man es uns vorausgesagt hatte, zwei Wanderstecken gefunden, von anderen Wanderern dort zurückgelassen. Der von Uta sieht aus wie eine gelungene Kreuzung zwischen Tomatenstecken und Stacheldraht, meiner ist ein Knotenstock und hat am unteren Ende eine Art Widerhaken, mit dem ich fortwährend im Heidekraut und auch sonst überall hängenbleibe. Na ja, ich könnte ihn abschnitzen heute Abend, aber vielleicht hat es einen geheimen Sinn, dass ihn der Vorbesitzer nicht abgeschnitzt hat. Das stellt sich dann auch bald heraus.

Unsere Wanderung beginnt mit dem Weg zur Kirche, es ist ja Sonntag in Lappland, und wir balancieren zum dritten Mal auf dem schmalen Trampelpfad vom Wandererheim durch die Klippen und Krüppelbirken die halbe Stunde bis zur Kirche.

Es regnet nicht.

Wir kommen sogar rechtzeitig zum Gottesdienst, legen unsere Rucksäcke vor der Kirchentür ab. Die Kirche wird voll. Anschließend an den Gottesdienst ist Gemeindefest mit Kaffee und Kuchen. Wir sind eingeladen und bleiben noch, unterhalten uns mit den Rentierzüchtern, zögern den wirklichen Anfang der Wanderung hinaus.

Aber irgendwann ist auch das letzte Ritardando verbraucht, irgendwann müssen die schweren Rucksäcke auf den Rücken, dann kommt das Schwanken, bis das Gleichgewicht hergestellt ist, dann der Balanceakt mit dem Zurechtrücken und dem Anziehen der einzelnen Tragegurte.

Und so verlassen wir die wunderbare Gastlichkeit der Rentierzüchter.

Johan Märak sitzt da.

»God bless you«, ruft er uns zu, als wir bei ihm vorbeigehen.

Mir ist, als verließen wir das Paradies.

Der Weg führt nach einer Weile heraus aus den Krüppelbirken und den Felsklötzen. Von oben schauen wir zurück: Das Stück Land am Seeufer, das sich die Lappen für ihre Sommersiedlung herausgesucht haben, ist offenbar selbst für die leichtfüßigen Rentiere zu verblockt und zu verklippt und deshalb haben sie auch ihre Siedlung dort hineingestellt.

Wir schauen über den riesigen See. Drüben am anderen Ufer ist Ritsem zu erahnen. Von dort aus sind wir mit dem Schiffchen übergesetzt. Und jetzt soll es nach Sulitjelma gehen.

Ob wir es schaffen werden bis dorthin?

Ob unsere Verpflegung reicht?

Ob uns Dauerregen oder gar Schnee den Weg nach Sulitjelma abschneiden?

Oder ob wir vorher abbiegen müssen und wieder zurückgehen nach Akka zur nächsten Schiffsstation?

Und was dann?

Vieles ist noch ungewiss.

»Wir werden einen wunderbaren Zeltplatz finden heute Abend«, sagt Uta.

Dann setzt der Regen wieder ein.

Anfechtungen

Mein Vater hat es immer wieder zu uns gesagt, dass die Schlesier nichts verstehen vom Pilzesammeln und dass die Egerländer die viel besseren Pilzesammler sind:

»Die verstehen einfach nichts davon! Wir Egerländer drehen die Pilze vorsichtig aus dem Waldboden heraus, behutsam, dass wir den Pilz nicht verletzen und den Waldboden auch nicht.

Aber diese Schlesier sind rücksichtslos.

Ohne irgendein Feingefühl sind sie. Kommen mit einem Messer daher und schneiden die Pilze einfach ab. Da bleibt immer ein Stück vom Stiel stehen mit seiner weißen Schnittfläche, weithin sichtbar, und sofort stürzen sich die kleinen Waldfliegen auf diese Pilzstiele und legen ihre Eier hinein. Dann wimmelt es ganz schnell von den kleinen weißen Würmern, Maden müsste man sagen, weil sie winzige Stummelbeine haben und weil ja wieder Fliegen daraus werden.

Und wenn sie erst einmal da sind, die Fliegen, stürzen sie sich auch gleich noch auf alle Pilze in der Umgebung, die von den Schlesiern übersehen wurden, und die sind dann auch alle wurmig.

Das ist aber noch nicht alles, was die Schlesier falsch machen! Sie putzen die Pilze, die sie abgeschnitten haben, gleich an Ort und Stelle, überall liegen dann die weißen Schnitze und das, was sie vom Stiel und vom Hut abgeschnitten haben.

Das liegt alles so herum, mitten auf dem Weg manchmal.

Das freut natürlich die Wildschweine und die Schnecken, was die Schlesier da machen, aber uns Egerländer freut es nicht.

Kein Egerländer würde das so machen, weil er ja dann auch den Pilzfleck verriete, weithin sichtbar. Und Pilzflecken hält man geheim im Egerland. Das weiß jeder.

Aber die Schlesier haben ja schon diesen holzigen Dialekt und so sind sie auch. Was will man dann von ihnen erwarten!«

So hat das mein Vater gesehen.

Es waren viele Schlesier und viele Egerländer in Eberbach gestrandet nach Flucht und Vertreibung, damals nach dem Krieg.

Das waren hungrige Zeiten und da haben die Schlesier im Wald nach Essen gesucht, genau wie die Egerländer, und immer ging es darum, wer zuerst die begehrten Pilze findet.

Das hat meinen armen Vater viele Nerven gekostet und viel Unmut hat es ihm auch bereitet, weil er nicht immer gleich hat in den Wald rennen können, wenn gutes Pilzwetter war, sondern hat schnitzen müssen für den Lebensunterhalt und dann hat er eben uns Kinder in den Wald geschickt.

Da haben wir schon als Kinder so eine Abneigung aufgebaut gegen die Schlesier. Das waren unsere Feinde, denn sie haben ja fast immer die Pilze schon vor uns gefunden. Und die Waldwege mit Pilzspänen vollgeschnitzt haben sie auch. Wie um uns zu ärgern.

Es kam aber dann dieser Tag, an dem meine kleinere Schwester zum Pilzesammeln gegangen war und als sie endlich wiederkam, da hatte sie wirklich einen mächtigen Stoffbeutel voller Pilze. Wir anderen Geschwister liefen hinzu, als die Beute auf dem Verandatisch ausgeschüttet wurde. Der Vater war nicht da, zum Glück muss man sagen, nur die Großmutter stand dabei.

Es war immer ein großer Augenblick, wenn der Pilzbeutel ausgeschüttet wurde, auch ein Augenblick der Bewunderung für denjenigen, der die Pilze im Wald gefunden hatte.

Aber als nun die kleine Schwester den Pilzbeutel auf den Verandatisch schüttete, da waren es lauter Stiel-Enden, die sie gesammelt hatte, und »wo sind denn die Pilze?« und da stellte es sich heraus, dass die kleine Schwester die Pilzstümpfe gesammelt hatte, die von den Schlesiern in ihrer Abschneidetechnik im Wald stehengelassen worden waren.

Wir bestaunten die riesigen Stümpfe von Steinpilzen und stellten uns dann lebhaft vor, wie groß die Pilze gewesen sein mussten, die auf diesen Stümpfen gestanden hatten, bevor die Schlesier sie abgeschnitten hatten.

Die Großmutter sagte: »Die sünd noch jut« und sehr schnell wurden die Stümpfe in dünne Scheiben zerlegt und hinterm Haus an den Dachsparrenenden in Säckchen zum Trocknen aufgehängt.

»Dem Vater sagen wir nichts«, befand die Großmutter, denn es stand zu befürchten, dass er wieder einen seiner Tobsuchtsanfälle bekommen könnte, weil die Schlesier schon wieder vor uns die Pilze gefunden hatten.

Ach, selbst einmal einen so großen Steinpilz zu finden, nur einen einzigen, wie sie sich von den Stümpfen erhoben haben mussten, das war schon so ein Traum.

Aber die Schlesier waren immer vor uns da, waren schon im Morgengrauen aufgebrochen und bis wir von der Schule zurück waren und in den Wald kamen, sahen wir nur noch ihre deutlichen Spuren, Stümpfe und Späne, da wo zuvor die herrlichsten Steinpilze gestanden hatten.

Es ist nun aber das Pilzesuchen – von heute aus betrachtet – auch eine meditative Angelegenheit: Man geht zwar mit der deutlichen Absicht in den Wald, aber ohne jede Gewissheit. Ein Misserfolg ist immer inbegriffen. Nach dem ersten Fund steigt jedoch die Laune, die Blicke werden noch intensiver und nach zwei Stunden, wenn Fortuna dir wohlwollte, hast du Pilze genug. Aber in den Eberbacher Wäldern war sie dir oft genug nicht hold. Stundenlang bist du herumgeirrt, hast dir fast die Augen aus dem Kopf geguckt und nichts gefunden.

In Lappland sind wir dann ganz unvermittelt an die Pilze geraten. Gerade sind wir auf dem allerersten Stück des Weges, am allerersten Tag, am allerersten Anfang der Wanderung, noch in den Krüppelbirken der Siedlung der Rentierzüchter, da stehen sie direkt am Wegesrand, ohne jede Tarnung, herrlich wie seinerzeit im Knab-Steinbruch und wie aus einem Bilderbuch: Rotkappen – frisch, jung, gesund, verführerisch.

Zu anderen Zeiten, also zu Hause oder wenigstens in der Nähe, also vielleicht auf einem Ausflug in den Schwarzwald oder damals in den Eberbacher Schülerzeiten, da hätte dieser Anblick einen wahren Jubel ausgelöst: So viele, so dicht am Weg, so leicht zu sehen, so leicht zu pflücken und kein Schlesier in der Nähe.

Jetzt aber sind wir am Anfang des ersten Wandertags, machen unsere ersten unsicheren Schritte hinauf durch die Krüppelbirken und da stehen sie nun ohne Zahl, rechts und links vom Weg, die Rotkappen.

Was tun?

Pflücken?

Wie aber bücken mit dem 30-Kilo-Rucksack?

Weitere Pfunde mitschleppen? Bis abends?

Die Pilze braten?

Und so kommt es unweigerlich zum Konflikt.

Niemals würdest du zu Hause an so vielen herrlichen Rotkappen vorübergehen!

Ganz undenkbar!

Und wenn du nichts dabei hättest zum Sammeln, dann würdest du bedenkenlos das Hemd ausziehen und es kurzerhand zum Sack zusammenknüpfen.

Aber hier?

Wir sind mit unserem Marschgepäck bis an die Grenze des Tragbaren gegangen. Man ist eh nur ein schwankender Turm mit diesem Riesenrucksack. Außerdem, wenn du dich hinkniest, dann kommst du erstmal gar nicht wieder hoch mit dem Gewicht auf dem Buckel. Hättest eben vorher Krafttraining machen müssen. Aber wer hat schon mit so was gerechnet?

Ja, sicher, wir könnten die Pilze heute Abend vor dem Zelt braten. Der Gedanke ist verführerisch, das gebe ich zu. Aber jetzt sind wir gerade erst vom Gemeindefest bei den Rentierzüchtern weggegangen, haben mit ihnen bei Kaffee und Kuchen gesessen und dann sollen wir jetzt schon wieder an ein Pilzgericht denken?

Und die zusätzlichen Kilos den ganzen Tag über schleppen, wo ich eh schon kaum den Berg hinaufkomme mit dem Turmrucksack.

Wir entscheiden uns, nur ein paar wenige besonders schöne Rotkappen mitzunehmen. Alle anderen lassen wir stehen.

Aber das musst du erst einmal fertigbringen, an den schönsten Rotkappen vorbeizugehen, sozusagen ungerührt vorbeizugehen, wo sie doch direkt am Wegrand stehen und dich anlachen.

Und das musst du erst einmal fertigbringen, deine Sammelleidenschaft zu bändigen, wo doch eine solche Fülle von Rotkappen ein wahr gewordener Wunschtraum aus deinen Kinderzeiten ist.

Und da hast du sie also gleich am allerersten Tag, diese herbe Charakterprüfung. Die kommt von einer so unerwarteten Seite, trifft dich gänzlich unvorbereitet, denn mit allem Möglichen hast du ja gerechnet, aber mit Hunderten schönster Rotkappen nicht.

Jetzt also: Erfreue dich an dem Anblick!
Wie sie leuchten!
Wie sie dich grüßen!
Als täten sie das absichtlich, nur, um dich zu ärgern.
Und wie lange das in dir dauert, bis du die Habgier niedergerungen hast und bis du habgierfrei sagen kannst: Was sind das doch für schöne Rotkappen, die hier überall stehen! Eine Zierde sind sie für den Wald, eine Zierde für das Moos, Schmuckstücke sind sie für die Krüppelbirken und eine Augenweide sind sie in ihrer jugendlichen Frische!

Und dann endet diese erste schwere Charakterprüfung so schnell, wie sie begonnen hat, weil wir nämlich herausgekommen sind aus den Krüppelbirken in eine Landschaft von Heidekraut und Flechten und da sind sie nun nicht mehr, die dir den Seelenfrieden stören mit ihren köstlichen roten Kappen.

Am Abend im Zelt vor dem Einschlafen brauche ich nur die Augen zu schließen und schon sehe ich sie wieder leuchten in voller Pracht.

Umkehrpunkt

Eines ist ganz klar: Wenn du dabei bist, die gesamte Knopf-druck-Zivilisation hinter dir zu lassen mit Telefon, Handy, elektrischem Licht, mit Straße und Auto, mit Tisch und Stuhl, mit Bett und Federbett, mit Toilette, Dusche und Zentralheizung, wenn es so weit ist und du setzt deinen Fuß ins Zivilisationslose, dann kann es schon sein, dass du auf die Karte schaust. Immer wieder, aber heimlich, damit deine Bedenken nicht sichtbar werden.

Und dann gehst du den Weg in Gedanken immer wieder durch: Bis wohin genau können wir uns den Rückzug offenhalten? Wo ist der Punkt, von dem aus der Rückweg kürzer ist, als der Weg, der noch vor uns liegt?

Aber irgendwann kommt er dann, der *Point of no return*, denn von da an wird es mit jedem weiteren Schritt einfacher, oder sagen wir kürzer, das Ende der Wanderstrecke zu erreichen, als zum Ausgangspunkt der Wanderung zurückzukehren.

Der Weg bis dahin, bis zu diesem *Point of no return*, ist gespickt mit Zweifeln: Halte ich das 14 Tage lang aus mit den 30 Kilo auf dem Rücken? Machen meine Knie das mit und meine Fußgelenke? Was ist, wenn ich stürze und mir einen Fuß verstauche, wenn etwas von meinem alten Meniskusproblem wieder hochkommt? Und warum tut mir jetzt abends immer das rechte Hüftgelenk weh, sodass ich nur noch auf der linken Seite schlafen kann?

Ist es der Sturz gleich am ersten Tag, seitdem mir ja auch der rechte Ellenbogen und das rechte Handgelenk wehtun, weil ich mich mit der rechten Hand abfangen wollte beim Sturz zwischen den Felsblöcken auf dem glitschigen Weg?

Und wenn wir nun dort umkehren würden, bei der Wegkreuzung, wo ein Wanderweg zurückginge nach Vakka, zur Schiffsstation?

Ist das Risiko nicht zu groß, wenn wir danach nicht mehr umkehren können, sondern durchmüssen, immer höher hinauf an die norwegische Grenze?

Am meisten Sorgen machen mir die Füße. Denn wenn da etwas passieren sollte bei einem Fehltritt auf Wegen, die vom Alpenverein längst gesperrt wären wegen Unbegehbarkeit, wegen nicht erfolgter Instandsetzung von Steg und Brücke, von einem Geländer gar nicht erst zu reden? Wenn da etwas wäre an einem Fußgelenk? Was dann?

Einmal am Tag vielleicht begegnet man jemandem. Aber dessen Handy geht genauso nicht wie unseres, weil es kein Netz gibt und weil man es deshalb gar nicht erst mitgenommen hat. Dann müsste dieser Jemand Hilfe holen. Am Abend vielleicht käme er zu einer Hütte, wo es vielleicht ein Satellitentelefon gibt und da müsste er den Hubschrauber anfordern, aber der fliegt nur am Tag.
Weiter wagt man gar nicht zu denken.

Aber dann, am *Point of no return*, da ist es dann, wie wenn du einen Stecker herausziehst, so als wenn du jetzt endgültig die Verbindung kappst zur Knopfdruck-Zivilisation. Irgendwie ist es sogar befreiend, denn jetzt weißt du genau, dass du durchmusst, dass es kein Zurück mehr gibt, sei der Weg nun wie er will.
Und der wird dann wirklich auch immer abenteuerlicher.
Hin und wieder eine kleine Schutzhütte, im deutlichen Tagesabstand. Aber eine Schutzhütte ohne alles: ohne Mensch, Vorräte, Laden, Telefon, Bett, Bewirtschaftung. Nur so eine Art Überlebenshilfe. Ein Wartehäuschen auf besseres Wetter, wenn es tagelang regnet oder schneit.
Eine Art Bushaltestelle, aber es kommt kein Bus. Es kommt nichts. Ist ja auch weder Weg noch Straße da, nur der Wanderpfad, immerhin sporadisch markiert mit einem roten Punkt.
Ein völlig anderer Standard als der gewohnte: Karwendel, Allgäuer oder Lechtaler Alpen, Wetterstein, Kaiser oder Mieminger, egal.
Lappland eben.
Aber: großes Lob für die endlosen Plankenwege! Ohne die ginge es wirklich nur in Gummistiefeln.

Also, Standard hin, Standard her: Irgendetwas ist abgerissen am *Point of no return*.
So etwas wie ein Halteseil oder wie eine Hundeleine vielleicht.
Und Sulitjelma baut sich plötzlich auf in Gedanken.

Bis zum *Point of no return* hast du es eher vermieden, an Sulitjelma zu denken.

Und jetzt: Wie mag es dort aussehen?

Aber dann, gleich nach dem Überschreiten der Grenze nach Norwegen, wird er noch schlechter, der Wegestandard. Anstelle einer Brücke ein Stein in der Flussmitte mit einem roten Punkt.

Hier sollst du durchgehen:

Schuhe aus, Strümpfe aus, Plastikschuhe an, damit den Füßen auch ja nichts passiert, durchtasten durch das Gletscherwasser, vier Grad Celsius. Wenn du ausgleitest und fällst mit dem schweren Rucksack hinein? Was machst du dann?

Also eine Brücke, das ist schon was. Und davon haben sie viele gebaut für die Wanderer, die Schweden.

Wenn du drüben bist auf der anderen Flussseite, heißt es: Abtrocknen, Strümpfe an, Schuhe an. Eine halbe Stunde hast du gebraucht für die Durchquerung dieses Gletscher-Wildwassers. Auf einer Brücke wärst du in zwei Minuten drüben gewesen.

Hätte man das alles gewusst vor dem *Point of no return*, vielleicht wäre man dann doch schon wieder in Vakka, wäre auf dem Schiff nach Ritsem hinübergefahren und dort gab es ja sogar Bier zu kaufen in der Fjällstation von Ritsem.

Bier!

Hätten wir nicht doch eher dorthin zurückgehen sollen?

Zurück in die Zivilisation?

Wo man so gut aufgehoben ist?

Wo ein Telefon ist, eine Theke, ein Laden, ein Waschraum, ein WC, eine Bushaltestelle, an der tagtäglich ein Bus abfährt?

Und hier in Norwegen wird alles immer verblockter. Der Weg kaum noch zu finden, die Schneefelder immer steiler. Steil wie ein Kirchendach. Und unten ist gleich der See. In den hinein würdest du rutschen mit deinem 30-Kilo-Rucksack. Ich löse den Brustgurt und auch den Hüftgurt für den Fall eines Falles. Damit ich überhaupt herauskomme aus dem Rucksack und mich womöglich ans Land retten könnte, sprich Schneefeld, unteres Ende. Wenn da nicht die Lücke zu groß ist zwischen Wasser und Schnee. Und dann vier Grad Celsius, der See.

Wir sind froh, als wir das Kirchendach aus Schnee endlich hinter uns haben, ein Kirchendach, 25 Mal so groß wie ein Fußballfeld. Steigeisen haben wir nicht dabei. Hat hier keiner. Eispickel auch nicht. Nur unseren Wanderstecken haben wir dabei.

Man hofft eben.

Sulitjelma rückt näher.

Zeltplatz

Wir haben ein älteres Ehepaar getroffen, gleich an unserem allerersten Wandertag. Die haben schlimm ausgesehen: zerzaust, bleich, übernächtigt, abgerissen. Als kämen sie gerade vom Nanga Parbat zurück, ohne Sauerstoffmaske. Dabei kamen sie uns auf dem Weg entgegen, den wir gerade in Angriff nahmen.
Es ist ja eine Seltenheit, dass man überhaupt jemanden trifft in der einsamen Gegend. Also bleibt man automatisch stehen, und da haben uns die beiden erzählt, mit schreckgeweiteten Augen, dass so ein ungeheurer Sturm war, als sie gestern ihr Zelt aufbauen wollten und dass ihnen der Sturm das Zelt um ein Haar aus der Hand gerissen hätte und dass es dann davongeflogen wäre in Richtung Nordpol, bis nach Kiruna vielleicht oder noch weiter, aber dass sie doch noch einen einzigen Hering hineingebracht haben mit aller Müh und Not und an diesem Hering hat das Zelt geflattert, wie ein dünnes Fahnentuch und hat auch ganz furchtbar an dem Hering gezerrt und dass sie dann aber in diese Fahne hineingekrochen sind, weil einen zweiten Hering hätten sie unmöglich noch hineingebracht und an Schlafen sei ja eh nicht zu denken gewesen bei dem Sturm und dass sie mit so etwas nie gerechnet hätten, aber so sei es eben hier hinter dem Polarkreis.

Ich habe überlegt, weshalb der Sturm *uns* nicht erreicht hatte, aber da fiel mir ein, dass es jener Sturm gewesen sein musste, der gestern den See so aufgewühlt hatte. Und da hatten wir doch die angstvolle Überfahrt gemacht durch die meterhohen Wellen, von Ritsem nach Vaisaluokta.
Die Frau hat dabei ihre Augen aufgerissen, als sie das erzählt hat, und das blanke Entsetzen hat man ihr immer noch angesehen und ich habe dann gedacht, dass es schon seinen Sinn hat irgendwie mit diesen ganz niedrigen Survivalzelten.
Wo man nur drin liegen kann.
Und dass unser Igluzelt womöglich viel zu hoch ist und dass es der Sturm wahrscheinlich wegfegen wird, wenn wieder so einer kommt, und wenn es vielleicht noch dazu exponiert steht auf

einer Anhöhe oder so und dass wir doch möglichst eine Senke suchen sollten zum Zeltaufstellen.

»Ja, eine Senke müsst ihr suchen, unbedingt eine Senke, sonst fegt euch der Wind weg, mit eurem viel zu hohen Igluzelt. Solche Zelte hat man hier oben schon lange nicht mehr.«

Unser erster Zeltplatz am Abend war aber dann keine Senke, sondern eine leichte Anhöhe. Eine Senke gab es nirgends. Es gab nur Anhöhen. Eine Senke war nicht zu finden, weil nicht vorhanden, und eben war er dann leider auch nicht, der Zeltplatz. Also Stein bei Stein bei Stein war er oder Felsenplatte bei Felsenplatte mit Heidekraut dazwischen. Dazu gab es Regen und Wind und es war überhaupt kein Vergleich mit meinem frisch gemähten Gartenrasen daheim. Wo ich das Zelt versuchsweise aufgebaut hatte, ohne alle Probleme. Aber der Platz, den wir gefunden hatten, war die einzige ungefähr ebene Stelle weit und breit. Und immerhin, das Zeltaufbauen zu Hause hatte etwas genützt: Zuerst das Innenzelt (wird leider nass, wenn es dauernd regnet), dann schnell, schnell das Außenzelt drüber und überall die Heringe mit dem Fuß in den Boden drücken, was hier nicht geht, oder doch mit einem Stein hineinschlagen, wenn du einen handlichen findest. War aber kein handlicher da.

Ein Glück, dass niemand unser Zelt sieht! Im Katalog sieht es schöner aus. Aber hier? Immerhin, es steht.

Klar, das ist schon eine andere Welt im Zeltinneren, wenn es draußen regnet. Fast gemütlich könnte man sagen. Jetzt nur noch die selbstaufblasenden Isomatten ausrollen, die haben wir von meiner Schwester geliehen. Die war damit in Patagonien. Sie sind schon etwas älter, die Isomatten, und denken leider nicht daran, sich selbst aufzublasen.

Irgendwie müssen wir aber die Nacht herumbringen, der Regen muss aufhören, der Wind muss aufhören, morgen müssen wir die Sachen trocknen, das Zelt müssen wir besser hinstellen – morgen vielleicht, wenn es nicht mehr regnet.

Die Schlafsäcke dürfen auf keinen Fall nass werden.

Sonst ist die Wanderung gleich zu Ende.

Nicht weit weg rauscht ein mächtiges Wildwasser. Die Erschöpfung bringt den Schlaf.

Arasluokta

Es ist in Lappland diese Sache mit dem Jedermannsrecht. Eine altgermanische Sache ist das vielleicht und was dieses Jedermannsrecht dem Lapplandwanderer alles erlaubt, weiß ich gar nicht genau zu sagen.

Aber es ist so, dass man überall zelten darf und zwar ohne ausgewiesenen Zeltplatz. Das mag dann schon ein Anreiz sein, wenn du überall wo es dir gefällt, dein Zelt aufstellen kannst – an jedem Bach, in jedem Wald, an jedem See, auf jeder Heide, wo immer du willst. Sogar direkt neben den Schutzhütten an den Wanderwegen zelten manche und die zahlen dann höchstens einen geringen Beitrag für die Bequemlichkeiten der Benutzung von Tagesraum oder Trockenraum, aber für das Zelten zahlen sie nichts.

Schade ist es schon, dass wir hier in Deutschland dieses Jedermannsrecht nicht haben, dass du nirgendwo zelten kannst, als auf den eingezäunten, ausgewiesenen, genehmigten, sanitärbestückten, abfallbeeimerten, kurzgeschorenen Massenzeltplätzen oder Campingplätzen, wie das jetzt heißt, weil dort nicht mehr gezeltet wird, sondern gecampt.

Und deshalb brauchst du hier bei uns erst gar kein Zelt mitzuschleppen, wenn du etwa den Westweg hinunterwandern willst von Pforzheim nach Basel, denn zelten darfst du da sowieso nirgends. Und es stehen ja auch genug Gasthäuser am Weg.

Aber wenn du eine schöne Waldlichtung fändest oder einen Bach in einem Wiesengrund am Waldrand und du würdest wirklich dort dein Zelt aufstellen, weil es so schön ist, dann käme schon sehr bald und sehr schnell der Förster mit der Sprühdose und im Geländewagen auf seinem privaten Forstweg daher und würde dich verjagen.

Du störst ihn beim Bäumemarkieren mit der Sprühdose, würde er sagen, er könne sich nicht auf seine Sprühdosenarbeit konzentrieren und würde womöglich einen Baum zu wenig markieren und der würde dann später nicht abgesägt werden, weil nicht markiert, und wo bliebe denn dann die Nachhaltigkeit.

Und schon würdest du mit deiner verbotenen Zelterei auf der Waldlichtung zu einem Feind der Nachhaltigkeit und nach der nächsten Holzeinschlagsperiode stünde da ein Baum zu viel im Schwarzwald herum. Da bekäme man wirklich Zweifel an der Nachhaltigkeit und der Förster würde womöglich versetzt in eine Gegend, wo schon lauter Nachhaltigkeit ist, wo er keinen Schaden mehr anrichten kann durch stehengelassene Bäume, also sagen wir in die Sahara. Da ist schon alles sehr nachhaltig.

Deshalb muss ich einfach zugeben – mit Blick auf Lappland zugeben – dass dieses Zelten wo immer du willst auf mich eine starke Anziehungskraft ausübt. Es ist wie eine ganz ungewohnte Freiheit. Zuerst kommt es dir schon sehr unwahrscheinlich vor, dass du in Lappland ankommst, wanderst in die herrlichste Natur hinein und wo sie am allerschönsten ist, baust du dein Zelt auf. Bei meiner ersten Wanderung wollte ich das zunächst gar nicht recht glauben. Aber nach dem dritten Zeltplatz hatte ich mich daran gewöhnt, habe die Zeltplätze dann sogar selbst mit ausgesucht. Es ist klar, dass man wählerisch wird, dass der unverzichtbare kleine Bach nahebei sein muss, der Platz muss eben sein, der Untergrund weiches Heidekraut, die Aussicht auf die Berge und Gletscher fantastisch. Nach einer Woche Zeltplatzauswählen habe ich sogar die Geräusche mit in die Suche einbezogen, denn die Gletscherbäche und die Wildwasser rauschen überall zu Tal und da hast du die Wahl zwischen dem Glucksen eines kleinen Wiesenbächleins bis hin zum gewaltigen weißen Rauschen eines Gletscherflusses mit Stromschnellen und Wasserfällen.
»Welche Nachtmusik möchtest du denn heute hören? Ein tosendes Wildwasser in der Ferne? Dann gehen wir noch ein Stück!«

Wenn es regnet, gut, dann ist es das Plattern der Regentropfen auf dem Zelttuch. Das ist beruhigend, macht das Zelt noch heimeliger als ohne Regen und dann brauchst du auch kein Rauschen aus der Ferne. Aber wenn es nicht regnet, dann veranstalten die unzähligen Wasserflüsse eine großartige Symphonie, wie du sie nirgendwo anders zu hören bekommst als in Lappland. Und diese Symphonie hat schon so etwas von Ewigkeit.

So kommen wir am sechsten Tag unserer Wanderung auf den Berghang oberhalb von Arasluokta. Dort öffnet sich der Blick über die riesigen einsamen Seen hinweg zu den fernen Gletschern, den Wäldern in den Niederungen bis weit hinüber zu den Gletscherbergen von Norwegen, wo man ganz in der Ferne schon das Meer zu ahnen glaubt.

»Hier bleiben wir«, sagt Uta.

Es passt alles: Das kleine Bächlein ist zur Stelle, der Platz ist eben, der Untergrund Heidekraut. Als wir das Zelt stehen haben und nun davorsitzen und nach dem Sonnenuntergang schauen, sehe ich, dass Uta weint.

Ich bin erschrocken und frage: »Uta, warum weinst du denn?« und da sagt sie: »Weil es hier so schön ist und weil wir den schönsten Zeltplatz der Welt gefunden haben.«

»Aux Champs-Élysées«

Irgendwas ist immer.

Irgendwas geht dir immer im Kopf herum.

Aber bei Tag ist das etwas sortierter als bei Nacht. Nachts, da hast du doch die reine Anarchie im Kopf. Da machen die Gedanken was sie wollen. Da haben sie keinerlei Struktur. Alles kreuz und quer. Aber am Tag ist schon Struktur drin. Sollte jedenfalls sein. Trotzdem wird sie heftig gestört, die Struktur der Gedanken, zum Beispiel durch die Ohrwürmer. Und anstatt dass dir jetzt etwas Richtiges und Strukturiertes im Kopf herumgeht, sind es die Ohrwürmer, die dir im Kopf herumgehen, die den Kopf quasi besetzt halten. Bei Nacht wäre es ja egal, weil da sowieso die Anarchie herrscht im Kopf, aber bei Tag, wenn du etwas Strukturiertes denken willst, da ist es schon lästig.

»Aux Champs-Élysées, aux Champs-Élysées.«

Unaufhörlich die »Champs-Élysées«. Und dein Kopf, der ist völlig wehrlos gegen diese Parasiten, die plötzlich zwischen deinen Gedanken hausen. Ohne jede Struktur hausen und dazu noch auf Französisch.

»Aux Champs-Élysées.«

Eigentlich müsstest du aufpassen, solltest dich nicht leichtfertig den gefährlichen Ohrwürmern ausliefern, aber mach das erstmal, in dieser Welt voller Radios und Beschallungsanlagen, die unaufhörlich Ohrwürmer in die Welt schicken.

In die Ohren schicken.

Und dann nisten sie sich ein und was machst du jetzt?

Du kannst denken, was du willst, immer »Aux Champs-Élysées«.

Zum Verzweifeln ist das.

Jetzt kommt dir auf einmal ein starker Gedanke, fast schon ein Geistesblitz und gleich gehst du daran, willst ihn strukturieren, aber schon ist er wieder da, der Ohrwurm: »Aux Champs-Élysées«. Und siehst du, es gibt nicht einmal ein Medikament gegen Ohrwürmer. Denn geh doch mal in eine Apotheke und sage zum Apotheker: »Ich brauche etwas gegen Ohrwürmer. Haben Sie da was?«

Und dann sagt er vielleicht: »Wie bitte?«
Ich sage: »Haben Sie etwas gegen ›Aux Champs-Élysées‹ damit ich sie aus den Ohren herauskriege, diese verdammte Champs-Élysées?!«
Aber er schaut mich nur entgeistert an und sagt, er hätte da Ohrentropfen, zehn Euro achtzig und dreimal täglich zwei Tropfen in jedes Ohr.
Ich sage: »Das ist es nicht. Vielen Dank. Auf Wiedersehen!«
Und beim Hinausgehen sehe ich, wie er mit der Apothekerin tuschelt und dann schauen sie mir so unauffällig nach.

Zu Hause in meinem vertrauten Umfeld, wenn ich mir da einen Ohrwurm leichtsinnigerweise eingefangen habe, dann hilft es ja immer, wenn ich als Gegengift dieses schöne Lied singe: »Eine Mühle seh ich blinken aus den Erlen heraus, durch Rauschen und Singen bricht Rädergebraus...«
Das ist aus der »Schönen Müllerin« und es hilft mir immer. Da flüchten sie, die Ohrwürmer und mögen sie vorher noch so hartnäckig gewesen sein.
Und dann hat die »blinkende Mühle« noch den Vorteil, dass sie selbst nicht zum Ohrwurm wird. Sie hat einfach keine Ohrwurmqualitäten. Gott sei Dank nicht.
Hat eben einen ohrwurmfernen Charakter.
Aber sie ist eher etwas, wenn du im Auto sitzt oder am Schreibtisch und es plagt dich fortwährend dieses »Aux Champs-Élysées«. Dann ist es schon etwas, das mit der blinkenden Mühle.
Wenn du nun aber durch Lappland wanderst, Schritt vor Schritt, dann ist die Mühle ungeeignet als Ohrwurmvertreiber. Dann müsstest du stehen bleiben, den Schrittrhythmus aufgeben, »Eine Mühle seh ich blinken« vor dich hin singen, möglichst das ganze Lied. Aber dann kommst du nicht voran, wenn du dauernd stehenbleibst zwecks Ohrwurmbekämpfung.
Und es ist noch weit bis Sulitjelma!
Schritt vor Schritt nach Sulitjelma, und da habe ich gedacht, dass es doch diese große Gattung von Liedern gibt für marschierende Männer, die Soldatenlieder eben, und da kenne ich wirklich viele, weil 18 Monate Bundeswehr und zwar 1960, als man noch

jeden Tag mit der Kompanie unter lautem Gesang ausgerückt ist ins A-, B-, oder C-Gelände in Wildflecken.

»Mädel, draußen ist es schön, heller Sonnenschein.«

»Aux Champs-Élysées.«

»O, du schöner Westerwald.«

»Aux Champs-Élysées.«

Und da ist mir klar geworden, dass alle diese schönen Soldatenlieder nur funktionieren, wenn du Marschtempo 112 hast, also 112 Schritte pro Minute. Aber dafür brauchst du eine asphaltierte Straße und hier auf diesem Trampelpfad hinterm Polarkreis, nass, glitschig, schmal, den Rucksack hintendrauf, da habe ich vielleicht Marschtempo 60 oder 65. Jeden Schritt muss ich mit Bedacht tun, immer vor mich hin auf meine Füße schauen, damit ich nicht daneben trete und mir das Fußgelenk breche, oder der Meniskus reißt ab und dann ist es aus mit Sulitjelma.

Deshalb ist es eben auch nichts mit »Mädel, draußen ist es schön« und nichts mit dem »Schönen Westerwald«, auch, wenn der Wind noch so kalt pfeift, hier in dem baumlosen Geröll. Und du kannst auch ein Marschlied nicht beliebig verlangsamen, wenn es für Tempo 112 gemacht ist. Das wird dann lächerlich und die Ohrwürmer bringst du damit auch nicht los.

Komisch: Bei einem Ski-Abfahrtsrennen, da geht es schon mit der Slow Motion, damit du es ganz genau siehst, wie er eingefädelt hat beim Tor, aber bei Musik geht es nicht. Die hat ihr eigenes Tempo. Da ist nichts zu machen und schon gar nichts gegen einen so übermächtigen Ohrwurm wie die »Champs-Élysées«.

Eigenartig, dass mir hier oben auf diesem gottsjämmerlichen Trampelpfad ausgerechnet die Champs-Élysées in Paris im Kopf herumgeht. Diese absolute Prachtstraße! Irgendwie gemein, denke ich, aber ich bringe sie nicht los, die Champs-Élysées. Habe sie schon kilometerweit dabei.

Jetzt habe ich schon alle Soldatenlieder durchprobiert, aber sie funktionieren allesamt nicht. Du kannst es mir glauben. Die brauchen Straßen. Solche wie die Champs-Élysées. Da würden sie funktionieren vielleicht. Aber da bin ich nicht.

Es fällt mir ein, dass es doch auch noch das geistliche Liedgut gibt. Vielleicht nicht gerade ein Geistesblitz, dass mir das einfällt, aber da habe ich auch eine ganze Menge lernen müssen als Konfirmand, damals in Eberbach beim strengen Pfarrer Wallbach.

400 Lieder hat das Gesangbuch schon allein im allgemeinen landeskirchlichen Teil. Da muss doch etwas dabei sein, was zu meinen langsamen Schritten passt und was gegen den Ohrwurm hilft.

Natürlich: Der Weihnachtsfestkreis scheidet aus jetzt im Juli, und was einen ganz direkten Bezug zum Kirchenjahr hat, von dem scheidet auch das meiste aus.

Obwohl »O du fröhliche«, das würde schon ganz gut passen zu meinem langsamen Lapplandschritt.

Aber »fröhliche«? »Fröhliche, selige«?

Nein! Mit den 30 Kilo auf dem Buckel wirklich nicht. Und mit dem fortwährenden Auf-die-Füße-Schauen, damit sie nicht daneben treten und das Fußgelenk ist vielleicht ab.

Als bittere Parodie vielleicht, aber das will man ja auch nicht, denn aufbauend ist das nicht.

Also Weihnachten scheidet aus. Schade eigentlich, denn gerade da hat er uns viele Lieder lernen lassen, der Pfarrer Wallbach.

Das andere schöne Kapitel hieß… Wie hieß es doch gleich, wie hieß es doch?

Richtig: Gottvertrauen, Kreuz und Trost.

Da müsste doch etwas dabei sein. Und das haben wir ganz besonders lernen müssen, dieses Kapitel Gottvertrauen, Kreuz und Trost. Das muss dem Pfarrer Wallbach sehr am Herzen gelegen haben.

Ach, und es sind ja auch ewigschöne Choräle. Da ist ganz bestimmt was dabei.

»O komm, du Geist der Wahrheit« fällt mir ein. Ist zwar ein Pfingstlied, aber warum nicht?

So ganz passt der Text nicht zu meiner Situation, aber der Rhythmus passt, wenn ich es nicht zu flott nehme.

Manche Textpassagen deute ich einfach um, streng theologisch gesehen sicherlich falsch, aber irgendwie muss ich doch den Gesang mit meiner Situation in Verbindung bringen.

»Unglaub und Torheit brüsten sich frecher jetzt denn je ...«, da denke ich an das Fräulein Vanessa Häberle im Outdoorladen von Metzingen und an das *System*, das ich jetzt auf dem Rücken trage, das *System*, was doch nur ein Rucksack hätte sein sollen, und ich denke an die vietnamesische Hauptschnalle, an dieses A und O am Hüftgurt und am ganzen *System*, die noch vor Beginn der Wanderung zerbrochen ist, sozusagen beim ersten Rucksackaufsetzen im Ernstfall, und dass ich schon in Metzingen den Verdacht geäußert hatte, die Schnalle käme mir sehr schwach vor, und wie das Fräulein Vanessa Häberle etwas vom Hochleistungskunststoff gefaselt hat und ich habe mich überfaseln lassen bei der vietnamesischen Hauptschnalle.

»Mit Waffen aus der Höh.«

Da denke ich an das Positive: dass wir irgendwann diese Öde durchquert haben werden und dass wir in Sulitjelma ankommen werden irgendwann und ich denke an anderes Positive, dass wir das *Antibrumm forte* zur Schnakenabwehr dabei haben und dass uns die Müsliriegel noch nicht ausgegangen sind.

»Du muss uns Kraft verleihen, Geduld und Glaubenstreu.«

Da muss ich kein einziges Wort umdeuten. Alles passt.

Und dann als Krönung diese herrliche letzte Strophe:

»Du Heilger Geist, bereite ein Pfingstfest nah und fern, ...«

Das ist ein Vers, der ist so wunderbar schön, den singe ich einfach so vor mich hin, ohne irgendeine Umdeutung. Und da ist einen ganzen Kilometer lang eine herrliche Stimmung in mir. So zuversichtlich wird mir da zumute mit meinen 30 Kilo auf dem Rücken. Und ob du es glaubst oder nicht: In diesem Vers steckt mehr Kraft als in einem Müsliriegel. Der baut mich auf und ich bin froh über den strengen Pfarrer Wallbach in Eberbach, bei dem wir als kleine Konfirmanden alle diese schönen Lieder auswendig lernen mussten.

Denn schon der Gedanke, dass der Heilige Geist ein Pfingstfest »nah und fern« bereitet, ist der nicht wunderbar?

Da habe ich es auf einmal verstanden, was es mit dem Wort »Erbauung« auf sich hat. So ein altmodisches Wort »Erbauung«!

Aber seit Lappland weiß ich wieder genau, was es bedeutet. Denn wenn du einen ganzen langen Tag Schritt vor Schritt gehst, da kannst du den »Geist der Wahrheit« oft genug herbeizitieren und singen »O komm!«.

Aber auch wenn du die Texte nicht gelernt hast, weil du keinen so strengen Pfarrer Wallbach gehabt hast oder weil du sie vergessen hast, kann ja sein, dann muss ich sagen: Summen hilft auch schon. Die Melodie hat sogar eine Kraft *ohne* den gewaltigen Text, der ja noch hinzukommen soll als Verstärkung.

Sagen wir, du summst »Morgenglanz der Ewigkeit«.

Wunderbar ist das.

Aber es muss dann wirklich ein schönes gerades Stück Plankenweg vor dir liegen, denn Marschtempo 72 braucht er schon, der »Morgenglanz der Ewigkeit«.

Und was das Schönste ist: Alle Ohrwürmer sind spurlos verschwunden.

Wie war er doch gleich, dieser blöde Ohrwurm, der mir heute Vormittag andauernd im Kopf herumgegangen ist?

Obdach

Ach, ja, irgendwie sind sie schon wohnlich, die Alpen!
Denn du planst ja immer von Hütte zu Hütte. Von einer Hütte
zur nächsten. Das ist wohnlich.
Von Wohnlichkeit zu Wohnlichkeit.
Bratwurst, Bier, Dach überm Kopf. Kaffee zum Frühstück.
Atmosphäre in den Wirtsstuben, ein Birkhahn an der Wand,
ein Marder, das verblichene Foto eines Erstbegehers, Luis-Tren-
ker-Typ. Der Hauch von Edelweiß. Das ist es ja auch, diese
Wohnlichkeit. Von *einer* wohlverdienten Einkehr zur nächsten.
Oder soll man sagen Heimkehr? Heimkehr statt Einkehr? Von
einer Heimkehr zur anderen?
Karwendelhaus, Hallerangerhaus, Staufnerhaus.

Und hier?
Zeltplatz eins. Zeltplatz zwei. Zeltplatz drei.
Oberhalb des Weges. Unterhalb des Weges. Boden leidlich eben.
Boden uneben. Boden richtig schwierig. Schnaken überall.
Kein Bier. Keine Bratwurst mit Sauerkraut. Kein Birkhahn an der
Wand, kein Marder, kein Erstbegeher. Aber Schnaken. Überall
an der Zeltwand. Außen sowieso, aber innen auch. Ein Birkhahn
wäre mir lieber.
Und zum Frühstück?
Schweigen wir darüber.
Es geht auch nicht von Haus zu Haus, also nicht von einem Zu-
hause zum nächsten Zuhause.
Denn du bist selbst zur Schnecke geworden, trägst dein Haus auf
dem Rücken, schleppst es mit. Langsam alles. Aber, egal, wo du
ankommst: Dein Zuhause hast du mit dabei.
Und unser Igluzelt?
Sieht es nicht aus wie ein Schneckenhaus? Wenn es erst steht!

Und jetzt denk dir eine Alpenvereinshütte!
Du siehst sie liegen von ferne, wirst magisch angezogen, trittst
ein und bist zu Hause.

Mag es stürmen, regnen, schneien, egal.

Wenn du Glück hast, hörst du ein Herdengeläut. Und wenn du das hörst, dann ist es der Gipfel der Geborgenheit auf Erden, dann ist es die Geborgenheit schlechthin.

Man kann ja auch akustisch geborgen sein, ohne den MP3-Player. In so einem Herdengeläut, das abebbt in der Nacht, aber das nie ganz aufhört, das immer präsent ist.

Wo könntest du mehr zu Hause sein?

Es heißt ja auch nicht »zu Zelte sein«, und »zu Geodäte sein« heißt es schon gar nicht. »Zu Auto sein« auch nicht.

Es hat schon seinen Sinn, wenn man sagt »zu Hause«.

Mit dem Zelt bist du zwar nirgends richtig zu Hause, aber ein bisschen schon. So andeutungsweise. Du hast dir einen Hoheitsbereich ausgegrenzt aus der großen Umgebung. Den reklamierst du eine Nacht lang für dich. Er grenzt dich optisch aus und er ermöglicht dir die Schaffung eines Mikroklimas, denn du sperrst ja den Regen aus und den Wind.

Aber akustisch bleibst du mittendrin in allem.

Trotzdem: so eine angedeutete Ausgrenzung ist es schon, eine temporäre, mobile, fragile.

Irgendwie ist es dann doch eine große Erfindung, das Zelt. Als mobiles Zuhause light.

Wenn du die Heringe in den Boden hineinbringst, wenn dieser einigermaßen eben ist, wenn er nicht zu abschüssig ist, nicht zu sehr dem Wind ausgesetzt, sondern vielleicht ein wenig geschützt.

Alpenhütten stellt man ja auch nicht mitten in den Lawinenstrich.

Und morgens, wenn du es dann abbaust, dein Zuhause light, dann denkst du immer, wie gut es doch gewesen ist, diesen Platz gefunden zu haben.

Fast ein bisschen wehmütig gehst du weiter und fast ein bisschen dankbar schaust du zurück nach dem Platz, der dein Zuhause war für eine Nacht.

»Es geht schon über d´Leut«

(sagt Uta)

Beispiel 1
Uta telefoniert. Billige Vorwahl. Auslandsgespräch.
»Hallo, ist dort Johan Märak?
»Ja, hier ist Johan Märak in Jokkmokk.«
»Hallo, hier ist die Uta.
Johan, du bist doch der Pfarrer von Vaisaluokta?«
»Ja, der bin ich.«
»Johan, du erinnerst dich bestimmt noch daran, dass ich vor fünf
Jahren bei dir meine Wanderschuhe getrocknet habe, im Pfarr-
haus in Vaisaluokta?«
»Ja, hm, ja, ja, ich kann mich erinnern, es hat ja sonst nie wieder
einer seine Schuhe bei uns getrocknet.«
»Und jetzt wollen wir kirchlich heiraten, mein neuer Mann und
ich, und du sollst uns in der Kirche von Vaisaluokta trauen.«
»Ja, hm, ja, das kann ich machen, aber in dieser Kirche habe ich
noch nie jemanden getraut. Die ist den Leuten zu schlicht.«
»Das macht nichts. Wir kommen einfach. Die Unterlagen schi-
cke ich per Mail.«

Da siehst du es schon, wie es ist, dass nämlich die Uta überall
Leute kennenlernt.
Damals ist sie ganz allein durch Lappland gewandert und da hat
sie wegen ihrer nassen Schuhe den Johan Märak kennengelernt
und seine Frau, die Walburg.
Johan Märak, das ist der pensionierte Pfarrer in Jokkmokk. Im
Sommer hält er einen Gottesdienst für die Rentierzüchter in de-
ren Sommerlager in Vaisaluokta.
Und damals hat es so fürchterlich geregnet und weil die Uta aus
dieser urschwäbischen Pfarrersdynastie stammt, hat sie in ihrer
Not den Weg ins Pfarrhaus genommen zu Johan Märak und sei-
ner Frau Walburg.
Und das weißt du ja schon, dass die Uta zum Johan gesagt hat:
»Kann ich hier meine Schuhe trocknen, die sind quietschnaß

und mit denen komme ich nicht weiter und ich bin die Uta aus Maulbronn.«

Und am Telefon hat sie dann gesagt:
»Also, Johan, wir kommen am Samstag zu dir ins Pfarrhaus zum Traugespräch und am Nachmittag traust du uns. Die Walburg soll die Musik machen.«
»Alles klar« hat der Johan gesagt und da siehst du wieder, wie gut es war, dass die Uta vor fünf Jahren bei ihm die Schuhe getrocknet hat.

Beispiel 2
Und dann war es ja auch wieder gut, dass die Uta vor fünf Jahren auch noch diese *Frau* kennengelernt hat, als ihr nämlich damals ihre gute Brille mit den gut geschliffenen Gläsern in das Wildwasser hineingefallen ist. Da hat sie diese einsame Frau kennengelernt in dieser völlig einsamen Gegend, denn die war gerade in der Nähe, wo der Uta die Brille ins Wildwasser gefallen ist und dann haben sie zusammen gesucht und gesucht und gesucht aber nichts gefunden.
Tatsächlich haben wir diese Frau nun wieder getroffen. Sie sagt uns, dass sie jedes Jahr hier geht auf dem Padjelantaweg und dass sie jedes Jahr hier an dem Wildwasser vorbeikommt und dass sie jedes Jahr immer wieder an die Uta denkt und an die verlorene Brille und dass sie jedes Mal in diesem Wildwasser sucht, ob sie vielleicht die Brille doch noch findet, aber leider bis jetzt ergebnislos und dass sie aber weitersuchen wird Jahr für Jahr, immer wieder, wenn sie hier vorbeikommt.
Und weil wir doch gerade die Frau getroffen haben, suchen wir nun alle zusammen wieder in dem Wildwasser, die Frau auch mit, aber wieder nichts und dabei sucht sie schon seit fünf Jahren hier in dieser Einöde.
Also, da liegt die Brille von der Uta weiterhin 3300 Kilometer von Maulbronn entfernt weit hinterm Polarkreis in einem Wildwasser, aber die Frau sucht jedes Jahr danach und vielleicht findet sie doch noch die Brille irgendwann und da ist es auch wieder gut, dass die Uta diese Frau dort kennengelernt hat.

Ich habe dann noch die Adresse von der einsamen Frau aufge-
schrieben, weil es ja nicht sicher ist, dass wir uns ausgerechnet
wieder wie diesmal auf dem Padjelantaweg begegnen, sondern
dass wir zu anderer Zeit dort wandern und sie hat womöglich die
Brille gefunden und trifft uns nicht.

Beispiel 3
Dann war es aber auch wieder gut, dass die Uta die drei jungen
Berliner kennengelernt hat, zwei Studenten und eine Studentin,
weil die waren auch da oben unterwegs, hinter dem Polarkreis,
immer hinter uns her, aber totale Greenhorns: keine Wanderkar-
te, kein Mückenspray, keine Ausrüstung, keine Ahnung von irgendwas, seit Tagen keine Verpflegung mehr. Und da hat die Uta
die drei gerettet mit einer großzügigen Haferflockenspende. Wer
weiß, was sonst mit denen passiert wäre: Entkräftet wären sie
zusammengebrochen irgendwo auf einer Gletscherzunge oder
auf einer Seitenmoräne oder auf einer Endmoräne oder auf einem riesigen Geröllfeld, oder sie wären in einem der unzähligen
Sumpflöcher versunken und verhungert und erfroren sowieso,
denn sie hatten ja nichts Warmes dabei.
Und der Chef-Archäologe, wenn er die drei ausgegraben hätte
nach 7 000 Jahren, so wie sie den Ötzi ausgegraben haben, dann
hätte er vielleicht gesagt: »Wenn diese drei jungen Berliner Menschen noch eine Handvoll Haferflocken gehabt hätten, dann
wären sie wahrscheinlich bis Ny-Sulitjelma durchgekommen.«
Und deswegen können sie gottfroh sein, dass die Uta sie kennengelernt hat.

Beispiel 4
Und dann war es auch wieder gut, dass die Uta diesen jungen
Mann kennengelernt hat im Wartesaal vom Bahnhof in Bodö. In
diesem schrecklichen Wartesaal. Das war ein ganz pfiffiger Ös-
terreicher, ein Medizinstudent aus Wien, und als wir nicht mehr
in den total ausgebuchten einzigen Zug nach Oslo hineingekom-
men sind, hat der Student zur Uta gesagt, er ist auch nicht hin-
eingekommen, aber das macht ihm nichts, er fährt jetzt sowieso
mit dem Schiff, da kommt noch eins heute Nacht und auf dem

Schiff sieht man eh mehr als im Zug, wenn man noch vor dem Klo sitzen muss womöglich.

Und du glaubst es nicht: Augenblicklich haben wir uns innerlich verwandelt von zwei enttäuschten, unglücklichen Eisenbahnfahrern in zwei noble und glückliche Schiffspassagiere.

Und da habe ich gedacht, wie es doch richtig gut ist, wenn die Uta überall jemanden kennenlernt von diesen wildfremden Menschen, weil sie irgendwie so eine besondere Gabe hat für das Kennenlernen von Leuten.

Und dann habe ich wieder gedacht, wie gut es ist, dass ich mit der Uta verheiratet bin, weil ich doch diese Gabe so gar nicht habe und dass ich vielleicht heute noch in Bodö sitzen würde und auf den Zug warten, und dass ich womöglich nie einen Platz in dem ausgebuchten Zug bekommen hätte und dass ich aber auch nicht mit einem Schiff weitergefahren wäre, denn das war ja das Geniale, das mit dem Schiff, aber auf das musst du erstmal kommen, und da kommst du nur drauf, wenn du jemanden kennengelernt hast.

Leidensgenossen

Es ist klar, dass *ich* niemanden kennengelernt hätte in diesem Wartesaal von Bodö. Denn es hat mich dort die Aussichtslosigkeit meiner Lage ganz schnell in eine Art Melancholie versetzt. So eine lähmende Melancholie, die zur Tatenlosigkeit führt, weil ihr eine Entschlusslosigkeit vorausgeht. Quasi Resignation.
Und da lernst du niemanden kennen.
Denn es ist ganz schnell klar geworden durch die Aussage des Bahnbeamten, dass keinerlei Möglichkeit besteht, noch in diesen Zug hineinzukommen. Ausgebucht von den InterRailern, schon seit Langem. Seit Tagen ausgebucht.
Ausgebucht, der einzige Zug von Bodö nach Oslo, der zwar jeden Abend fährt aber jeden Abend ausgebucht ist. Und ohne Buchung kommst du da gar nicht hinein.
Den Zug hat diese neue Generation der vorausbuchenden Internetreisenden für sich in Beschlag genommen, den ganzen Zug vom ersten bis zum letzten Platz.
Hat ihn in ihren Besitz gebracht sozusagen. Hat es privatisiert, das öffentliche Eigentum.
Von den Erfindern seinerzeit als öffentlich gedacht, wird der Zug von den heutigen kleinen Geschäftemachern tageweise und sitzweise an Privatleute verschachert.
Ach, was sind das für Zeiten!
Dass du eine Buchung vorweisen musst, computergeneriert, damit du dir überhaupt das Recht erwirbst, den Zug zu betreten.
Vorbei die Zeiten, in denen es hieß: Zu selbstgewählten Zeiten auf selbstgewählten Strecken zu selbstgewählten Zielen.
Aus und vorbei.
Vorbei weil verschachert.
Reisefreiheit verschachert.
Freiheit verschachert.
Alles per Computer verschachert.

Und wenn dann so ein Saurier kommt wie ich und geht an den Bahnschalter und sagt: »Ich möchte eine Fahrkarte nach Oslo«, dann heißt es: »Sorry. The train is completely overbooked. There is no possibility.«

Da ist also der gesamte einzige Zug von Bodö nach Oslo längst reserviert, *overbooked*, obwohl er noch gar nicht dasteht und als er dann endlich einfährt, wird er auch sogleich gestürmt von all den reisefreudigen jungen InterRailern. Ruckzuck ist er voll der lange Zug. Besetzt bis auf den letzten Platz.

Und da muss man sagen, dass sie da unsereinem gegenüber schon deutlich im Vorteil sind, die jungen Leute: Im Internet aufgewachsen, mit dem Computer auf Du und Du, das Smartphone ihr bester Freund, und da brauchst du dich nicht zu wundern, dass der Zug für dich verloren ist.

Weil, da kommst du nicht mehr mit. Aussichtslos ist das für dich. Denn sie sind überall schneller, als ich es bin in unserer schnellen neuen Welt. Da können sie mit ihrem iPhone von überall her, also sagen wir aus Kiruna, einen Sitzplatz im Zug von Melbourne nach Brisbane reservieren, am 29.12.2025, Abfahrt 12:16. In Australien!

Oder eben von Bodö nach Oslo.

Gar kein Problem.

Wo sollte denn da ein Problem sein?

Alles vernetzt.

Alles global.

Alles reserviert.

Und da habe ich es wieder einmal so richtig gespürt, sozusagen körperlich, was es heißt, das Nachsehen zu haben. Wie dann der übervolle Zug, der ausgebuchte, aus dem Bahnhof hinausgefahren ist, da haben wir ihm *schon* nachgesehen, und gedacht habe ich, dass ich sogar mit einem Not-Sitzplatz zufrieden gewesen wäre vor dem Klo, wenn ich nur weggekommen wäre aus diesem Wartesaal in Bodö.

Wo dann nach Abfahrt dieses letzten Zuges der Bahnhofswärter mit der roten Mütze zu uns drei Zurückgebliebenen gesagt hat, dass er jetzt den Bahnhof zuschließt und dass wir den Bahnhof verlassen müssen.

»Sofort?«

»Ja, sofort!«

Jetzt war es aber draußen regnerisch und windig, eher stürmisch und wo sollen wir da warten in Bodö und worauf?

Denn der nächste Zug morgen Abend ist ja auch schon wieder seit Langem ausgebucht und wir haben hier keinen Internetzugang, weil wir nicht rechtzeitig aufgerüstet haben auf iPhone. Sind praktisch ausgeschlossen von der Bahnbenutzung. Sind veraltet.

Jetzt hat uns also der norwegische Bahnbeamte aus dem Bahnhof hinausgeschickt, ausgewiesen kann man sagen, die Uta, mich und dazu den Studenten aus Wien. Uns drei, den vom Zug verschmähten Rest, den zurückgebliebenen Reiserest, die drei Übriggebliebenen, die nicht mehr hineingepasst haben in den Overbook-Zug, hat er unter den Teppich gekehrt sozusagen. Erledigt!

Aber in Wirklichkeit hat er uns hinausgeschickt in die stürmische und regnerische kalte Nacht von Bodö, weit oben hinter dem Polarkreis.

Da kann man sich schon verloren vorkommen!

Und da war es mal wieder ein Glück, dass die Uta sich mit dem Studenten im Wartesaal angefreundet hatte, denn, das habe ich ja schon gesagt, dass sie überall Leute kennenlernt. Und weil wir eben Leidensgenossen waren in Sachen ausgebuchter Zug und ausgewiesen aus dem Bahnhof, da hat sich gezeigt, dass der Student einen Ausweg gewusst hat aus unserer misslichen Lage und da hat er zur Uta gesagt – und ich habe es gar nicht gehört, aber die Uta hat es sofort gehört –, dass ein Schiff kommt in der Nacht um viere und das Schiff fährt nach Trondheim.

Ein Linienschiff ist das sogar von Hurtigruten und das nimmt uns bestimmt mit und es fährt direkt nach Trondheim, denn die Hurtigruten, das ist so eine Institution, so eine Konstante ist das, so eine Zuverlässigkeit per se ist das und vielleicht überhaupt eine der letzten großen Zuverlässigkeiten in unserer ausgebuchten iPhone-Welt.

Ach, wie hat sich da meine Stimmung gehoben, als mir die Uta das gesagt hat. Denn ich hatte schon überlegt, wie ich zwei solchen InterRailern ihre Buchung würde abkaufen können, durch einen Fantasiepreis vielleicht, um überhaupt wegzukommen aus dem Wartesaal von Bodö.

Und jetzt das mit dem Schiff!

Was für ein Glück!

Denn im Geheimen hatte ich mir das schon immer so vorgestellt mit einer Hochzeitsreise: Nicht so einen strapaziösen wochenlangen Fußmarsch über Randmoränen, Endmoränen, Gletscherzungen, Felsstürze, Geröllfelder, Schneefelder, ohne feste Unterkunft, Tag und Nacht von Schnaken verfolgt bei höchst notdürftiger Verpflegung wie Knäckebrot und Müsliriegel!

So hatte ich mir das nicht vorgestellt.

An ein Schiff hatte ich gedacht, das ist wahr, das war mein geheimer Traum gewesen.

Schon immer.

Und jetzt, wie durch ein Wunder sollte er in Erfüllung gehen.

Und statt einer langen Nacht in einem total überfüllten Zug vor dem Klo und ohne Buchung und womöglich zu einem astronomischen Preis nun eine gemütliche Kabine mit Fenster oder Bullauge, egal, und ein weiches Bett, und ein Bordrestaurant mit Bratwurst und Bier und bei Tag an Deck auf einem Stuhl (!) in der Sonne sitzen und vor allem keine Schnaken mehr.

Eine Erlösung ist das und da kannst du dir das Wort erst richtig vorstellen, wenn du erlöst wirst aus so einem Wartesaal wie dem in Bodö und wenn du von der Ungewissheit erlöst wirst, ob du da jemals wieder wegkommst.

Und da hat sich meine Stimmung so richtig gehoben.

Verwandelt hat sie sich aus einer Depression in ein Hochgefühl: Bei Nacht in einem weichen Bett schlafen, keinen Zeltplatz suchen müssen, kein Zelt aufbauen müssen, bei Regen womöglich, auf Heidekraut und Rentierkot und wo man die Heringe nicht hineinbringt in den felsigen Untergrund, weil man keinen Hammer dabei hat, und keine vietnamesischen Reißverschlüsse mehr, die sich andauernd festfressen an dem Zeltstoff, dass du verzweifeln könntest, das fällt auf einmal alles von deiner Seele ab und das ist es ja auch mit dem Hochgefühl auf einmal.

Da siehst du das Leben gleich wieder von seiner sonnigen Seite.

Ein Schiff!

Und noch heute Nacht!

Ja, klar, ein kleines Ritardando ist es schon noch, denn das Schiff kommt ja erst morgens um vier und jetzt ist es erst abends um sieben, aber, siehe da, diese wunderbare Hurtigruten-Linie hat sogar ein kleines Wartehaus in Bodö am Hafen und da können wir auf das Schiff warten, wo es doch draußen so stürmt und regnet. Da warten wir mit Zuversicht und mit Vergnügen und voll innerer Gelassenheit auf das Schiff, das herunterkommt vom Nordkap oder von noch weiter her, von Murmansk vielleicht, und das kann sich ruhig Zeit lassen, denn hier in dem Wartehaus am Hafen ist es hell und trocken und sogar irgendwie ein bisschen warm.

Uta schläft auf drei Stühlen, ich fange an zu schreiben. Der Student schläft in seinem Schlafsack.

Wir warten auf das Schiff.

Geduldig.

Ruhe breitet sich in mir aus.

Und dann, tatsächlich, kommt das Riesenschiff im Dunklen und legt an und da sind wir auch schon bei der freundlichen Dame an der Rezeption.

Der Traum wird wahr.

»Eine Kabine? Leider nein! Alles ausgebucht und alles belegt!«

»Bis Trondheim belegt?«

»Ja, bis Trondheim!«

»Wirklich keine Kabine?«

»Nein, wirklich nicht. Leider.«

»Aber mitfahren bis Trondheim, das können wir schon?«

»Ja, das können Sie!«

»Und wo sollen wir die zwei Nächte verbringen?«

»Oben im Salon, da sind Sitzgelegenheiten. Da können Sie es sich in der Nacht gemütlich machen, wenn die Leute in ihren Kabinen ins Bett gegangen sind.«

Na ja, denke ich, das kann dauern, das Insbettgehen bei diesen völlig ausgeruhten Kreuzfahrtlern. Und wenn die womöglich noch Karten spielen abends bis in die Puppen!? Skat oder Doppelkopf und hauen mit den Karten auf den Tisch?

Im Salon sind entlang der Wand hellblaue Kunstledersofas. Die sind schon ein bisschen durchgesessen allerdings, aber wir können uns draufsetzen bei Nacht.
Das dürfen wir. Das ist im Preis inbegriffen, das Draufsetzen im Salon.
Für die Uta ist sofort klar, dass wir unsere Schlafsäcke ausrollen und es uns bequem machen auf den Ledersofas. Die sind aber leider etwas schräg nach vorne unten geneigt, sodass wir fortwährend herunterrutschen und schmal sind sie obendrein auch noch und durch die Rollbewegungen des Schiffes ist auf den glatten Ledersofas sowieso kaum ein Halten mehr und ich weiß nur, dass ich andauernd vorne heruntergefallen bin im Schlaf, nicht hoch natürlich, aber immerhin.
Dauernd heruntergefallen in der Nacht.

Und so haben wir eine richtig unruhige Nacht verbracht an Bord im Salon auf den hellblauen Kunstledersofas und ob du es glaubst oder nicht:
Ich habe voller Sehnsucht zurückdenken müssen an die wundervollen Nächte im Zelt auf einsamer Heide.

Himmel und Hölle

Du musst nun eines wissen: Ich hasse das Busfahren.

Aus tiefstem Herzen hasse ich es, und schon, wenn ich in Heidelberg mit dem 32er vom Bahnhof zum Uniplatz fahren muss, hasse ich es zutiefst, das Busfahren: Ich muss stehen, muss mich an einer schmierigen Stange festhalten oder sonstwo anklammern, ich verliere fortwährend den Stand und das Gleichgewicht. Alles sitzt voller Schüler und junger Menschen, von denen aber keiner aufsteht, um Platz zu machen, selbst dann nicht, wenn ein krummes altes Mütterchen einsteigt, sondern alles quatscht laut und aufdringlich und unaufhörlich durcheinander in 43 Sprachen.

Keine Spur mehr von dem, was uns der Dr. Meisel in der Eberbacher Grundschule beigebracht hat, dass man als Kind sofort aufsteht im Bus oder in der Bahn und ältere Leute sich hinsetzen lässt. Und das Schönste ist ja, dass das damals auch alle Kinder gemacht haben, wenn etwa im Zug ein Mangel an Sitzplätzen gewesen wäre.

Aber heute?

Da hätte der gute Dr. Meisel viel zu tun mit den allereinfachsten Anstandsregeln.

Aber das ist es in Wirklichkeit nicht, weshalb ich das Busfahren hasse.

Ja, es ist laut und klebrig, die Fensterscheiben sind zerkratzt, die Kinder und Jugendlichen stellen ihre Schuhe allzu gerne und womöglich demonstrativ auf die Sitzpolster gegenüber, sodass man sich gar nicht niedersetzen mag und so stehst du und schwankst und hoffst, dass die Haltestelle schnell kommt: Universitätsplatz.

Gott sei Dank! Aussteigen aus dieser schrecklichen Kiste voller Mief und Lärm.

Die Luft einatmen.

Aber auch wenn es nicht der primitive Stadtbus ist, sondern ein Überlandbus, ein vermeintlicher Luxusbus, kann das Busfahren schrecklich sein: Enge Sitze, die Reihen viel zu dicht aufeinander,

Probleme mit den Knien, Beine zu lang. Für welche Körpergröße haben denn diese Bus-Entwickler die Sitzreihen einbauen lassen? Wurde da an Zwerge gedacht?

Einen Harndrang darfst du sowieso nicht haben als Busbenutzer. Dann bist du verloren.

Das Bahnfahren, ja, das ist natürlich eine wunderbare Sache.

Aber als unser Zug von Trondheim endlich in Oslo angekommen ist, da ist schon finstere Nacht und alle Anschlusszüge nach Süden sind weg.

Also, jetzt, was machen wir in Oslo bei Nacht und bei strömendem Regen und mit unserem schweren, nassen Gepäck?

Jugendherberge?

Soll weit weg sein, hat eine Frau im Zug gesagt.

Hotel?

Sei sehr schwierig in Oslo zu dieser Jahreszeit, hat die Frau im Zug gesagt.

Zeltplatz sei in der Nähe, hat die Frau im Zug gesagt.

Vom Hauptausgang rechts einen Kilometer weit und dann wieder rechts und dann wieder noch ein Stück rechts und noch mal fragen.

Also gut! Der Zeltplatz ist näher.

Aber: Zeltaufbauen bei Nacht im Regen?

Die schweren Rucksäcke auch noch dorthin schleppen?

Sich noch verlaufen bei Nacht?

Im Osloer Bahnhofsviertel?

Und wie wir noch so herumirren in den Bahnhofskatakomben, stelle ich mir vor, wie wir jetzt gleich abmarschieren werden, aber den Zeltplatz nicht finden, weil wir uns ja nicht auskennen. Und da kommen dir in den Katakomben natürlich keine guten Gedanken: Alles nass, wenn du am Zeltplatz ankommst, im Nassen den Rucksack absetzen, im Regen das Zelt heraussuchen und aufstellen – das Innenzelt, das Außenzelt, die Heringe finden – und es regnet dabei in Strömen.

Da hast du keine guten Gedanken, wenn du dir das alles vorstellst und du kannst es dir gut vorstellen, denn die letzten 14

Tage hast du es doch jeden Abend aufgestellt, das Igluzelt. Aber da ist es ja auch nicht dunkel gewesen in der Nacht und geregnet hat es auch nicht so wie jetzt.

Und da wird deine Laune nicht besser in diesen Bahnhofskatakomben, sondern es kommt eine Gemütsverfinsterung über dich, die ist noch dunkler als die Osloer Regennacht.

Stockfinster ist da alles in dir und ein fröhliches Wort bringst du schon gar nicht mehr heraus. Sogar der Galgenhumor hat sich stillschweigend davongemacht. So gehst du nun durch die endlosen Bahnhofsgänge, durch alle die nassgeregneten Osloer und InterRailer und Bahnhofslungerer und denkst: Ach, läge ich doch schon warm und trocken im Igluzelt.

An ein Bett wagst du nicht mehr zu denken, und das wäre ja auch ein unverschämter Gedanke, oder, sagen wir, ein unbescheidener.

Und so ist da eine Finsternis aufgekommen in meiner Seele, dass ich auf einmal denke: Wozu denn morgen noch ins Munch-Museum oder Stadtbesichtigung mit 30 Kilo auf dem Rücken und alles ist nass?!

Also da habe ich schon so einen psychischen Tiefpunkt gehabt in jener Nacht im Osloer Bahnhofslabyrinth und wie ich so dahintrapse in meiner Gemütsverfinsterung, und alles ziemlich aussichtslos, höre ich auf einmal von oben eine helle Stimme rufen: »Nachtbus! Nachtbus!«

Ich denke, wer ruft denn da von oben zu mir herunter, aber dann ist es Utas Stimme.

Sie ruft: »Nachtbus!« und eilt irgendwohin in diesem unsäglichen Menschengewirr, ist mir schon fast enteilt, nur kurz sehe ich ihr rotes Regencape, in dem eilt sie durch die endlosen Bahnhofsgänge und schon hat sie den Nachtbusschalter gefunden und schon hat sie zwei Nachtbusfahrkarten gekauft, die allerletzten zwei Notsitzkarten im total ausgebuchten Bus von Oslo nach Halmstad und Halmstad, das sieht man ja von der Tante aus liegen am jenseitigen Ufer der Meeresbucht. Zehn Kilometer Luftlinie vielleicht. Halmstad, da sind wir schon fast zu Hause bei der Tante.

Im Bus wird von vorn bis hinten auf Handys telefoniert und von all den Sprachen, die da gesprochen werden, kenne ich keine einzige. Deutsch, Englisch, Französisch, Italienisch, Spanisch, Schwedisch oder Norwegisch sind nicht dabei.

Mitten in diesem kunterbunten Gewirr von Nachtbusreisenden, die alle in unverständlichen Sprachen telefonieren, sitzen wir auf zwei engen Notsitzen in der gebotenen Zwangshaltung, denn auch der Mittelgang mit den ausklappbaren Notsitzen ist voll.

Richtig vollgequetscht, kann man sagen.

Schwere Gerüche, Gestank, Lärm, Enge, Eingequetschtheit von allen Seiten zwischen dampfenden Menschen und kein Entrinnen: Es ist die Vorhölle. Toilette ist auch nicht.

Ja, zum Teufel, können denn die anderen alle ihre Nieren abschalten?

Nur ich wieder nicht?!

Die erste Nachthälfte fährt eine Frau den Nachtbus. Ich bewundere sie. Eigentlich, denke ich, sollte statt ihrer doch jemand mit zwei Hörnern und einem Pferdefuß am Steuer sitzen, in dieser Hölle auf vier Rädern.

Was ist das Rätsel an diesem Nachtbus? Warum ist er so voll?

Uta findet heraus, dass der Nachtbus die billigste Möglichkeit ist, von Oslo nach Kopenhagen zu kommen und da wollen sie alle hin, die Nachtbusmenschen.

Da nimmt man schon etwas auf sich, auch, wenn man nur bis Halmstad will.

Neben uns sitzt eine Hochschwangere mit völlig entblößtem Bauch. Hat sich in den engen Sitz hineingequetscht. Schläfer und Schläferinnen jeden Alters füllen den Bus und schlafen in allen Positionen, wenn sie sich müde telefoniert haben.

Es ist stickig. Die Leute sind nass. Es dampft.

Vorne war Fahrerwechsel. Jetzt fährt ein Mann. Er hat zwei Hörnchen am Kopf. Die Füße kann ich nicht sehen.

Meine Füße sind dick geworden. Utas auch. Keine Klumpfüße, aber dick.

Wir sitzen wie angeschmiedet auf einem Folterstuhl. Die Arme können wir nicht bewegen, die Beine schon gar nicht. Das At-

77

men fällt mir schwer. Das Bewusstsein trübt sich. Schlaf ist es nicht, eher eine Art Bewusstlosigkeit, die mich umfängt.

Ich denke, so muss es in der Hölle sein und wenn ich das überlebe, dann will ich ein anderer Mensch werden.

Die Uta sagt: »Wir sind gleich in Halmstad«, und da ruft sie mich in die Zuversicht zurück. Ich versuche, meine Zehen zu bewegen in den schweren Wanderschuhen.

Es geht nicht. Sie sind taub.

In Halmstad hält der Bus direkt an der Autobahntankstelle.

Wir quälen uns aus dem schlafenden Menschengewirr hinaus in die kühle Morgenluft.

Zerren unsere Rucksäcke heraus. Der Bus fährt weiter und ich denke: Da fährt sie hin, die Vorhölle. Aber ohne uns.

Und da kann dir schon so ein kleines Dankgebet über die Lippen kommen.

Mir ist, als wären wir direkt im Himmel ausgesetzt worden. Von der Hölle in den Himmel und dann denke ich, wie doch Himmel und Hölle so dicht beieinander liegen können.

Der Himmel über uns färbt sich schon grau und das erste in diesem Halmstader Himmel ist erst einmal eine Autobahntankstelle. Dort kann man uns nicht weiterhelfen, aber die Tankstellenengel sagen, dass es nur fünf Kilometer sind bis zum Bahnhof oder sechs und in einer Stunde sind wir dort, wenn wir flott drauflosgehen.

Ich sage: Gut, wir gehen flott drauflos, die Luft ist herrlich und es regnet fast nicht mehr und keine babylonische Sprachverwirrung mehr rundherum und ich bin ein Erlöster und mit Vergnügen gehe ich flott drauflos zum Bahnhof von Halmstad, wo es doch nur sechs Kilometer sind. Und ich werde auch ein anderer Mensch.

Aber da ist außer uns noch ein ganz unscheinbares Mädchen aus dem Bus gestiegen. Wie wir: ausgesetzt worden an der Autobahn, dort in diesem zivilisatorischen Nichts mit Tankstelle und da kommt es heraus, dass sich die Uta im Nachtbus genau mit diesem Mädchen schon unterhalten und herausgebracht hat, dass das Mädchen abgeholt wird von seiner Mutter an der Autobahntankstelle, morgens um vier und dass uns die Mutter mitnimmt zum Bahnhof von Halmstad in ihrer selbstverständlichen schwedischen Freundlichkeit.

Am Bahnhof von Halmstad steht auch schon der Zug nach Båstad abfahrbereit, als hätte er nur noch auf uns gewartet.

Als wir dann vom Bahnhof in Båstad in aller Herrgottsfrühe bei der Tante ankommen, schläft sie noch.

Wir setzen uns vors Haus aufs Bänkchen.

»Nicht so laut sprechen«, sagt Uta, »die Tante schläft noch.«

Wir warten geduldig, bis sich im Haus etwas rührt.

Heute gibt es ein Festessen.

Zur Feier unserer Heimkehr will die Tante ein richtiges Festessen kochen.

Die gute Tante!

Mangoldtränen

Da sitzen wir nun auf dem Bänkchen bei der Tante. Aber in Gedanken bin ich wieder dort oben in Lappland, erinnere mich, wie freundlich sie uns doch aufgenommen hat bei der Hinreise, die Tante, und dass sie uns bestimmt ein Festessen kocht, wenn wir erst zurück sein werden aus der Welt der Entbehrungen, aus der Welt von Knäckebrot und Müsliriegel. Ausgehungert und mit gierigen Augen werden wir bei ihr ankommen.
Und was für ein Festessen wird sie uns zu Ehren kochen, sie, die frühere Wirtschafterin des großen Pilgerheims in Jerusalem?
Schweinebraten?
Rinderbraten?
Ente?
Gans?
Knusprige Hähnchen?
Und was wird es dazu geben?
Kartoffeln? Reis? Oder gar Spätzle, wo sie doch eine Schwäbin ist von Geburt.
Was wird es geben als Festessen?
Oftmals am Tag ist mir das Wasser im Mund zusammengelaufen, wenn mir meine Fantasie die unterschiedlichsten Festessen bei der Tante so deutlich gezeigt hat. Viel schöner und wirklicher gezeigt hat als auf den schönsten Fotos in den Kochbüchern.
Rieche ich den Bratenduft bis hierher?
Aber nein! Pure Einbildung! 2 000 Kilometer bis zur Tante!
Du träumst.
Es ist Tag.
Die Schnaken schwirren.
Der Rucksack drückt.
Der Weg ist glitschig.
Du stapfst durch Lappland, fern jedes Schweinbratens.
Tagträume sind das.
Wunschträume!
Kein Bratenduft!
Schau nach rechts: Gletscher Blåmansisen.

Schau nach links: Gletscher Kebnekaise.
Schau vor und schau zurück: Überall Gletscher auf den kahlen Bergen.
Kein Baum, kein Strauch, keine Hütte, kein Haus, kein Schweinebraten.
Kein Bratenduft!
Alles pure Einbildung.
Imagination.
Bilder, die aus der Seele kommen.
Oder aus dem Magen? Oder aus dem Hungerzentrum im Hirn, falls es so was gibt.
Ach, es ist schon eine entbehrungsvolle Reise.
Die Entbehrungen, ja, die sind voll da, aber das, was man entbehrt ist weit weg.
2 000 Kilometer weit.
In Tantes Kochtopf, da ist es, das Entbehrte. Da ist das Festessen drin und wenn wir erst bei der Tante sind, wie schnell wird sie dann vergessen sein, die Zeit der Entbehrungen, die Zeit von Knäckebrot und Müsliriegel.

Dass man sich aber auch gar nicht wehren kann gegen die Bilder aus dem Unterbewusstsein!
Dass die einfach so aufsteigen und sich einfach so vor die Gletscher schieben: Schnitzel mit Pommes vor dem Blåmansisen, Gulasch mit Knödeln vor dem Kebnekaise, den Rückblick dominiert ein gebratenes Hähnchen und nach vorne schwebt ein saftiger Rinderbraten über der Einöde.
Und dann, ganz dahinten, freilich noch 2 000 Kilometer weit hinten, da schwebt das Festessen. Da schwebt das, was die Tante gekocht hat für uns und den Onkel Albrecht.
Ach, die gute Tante!

In aller Herrgottsfrühe sind wir angekommen und da ist es noch lange hin bis Mittag und ich kann doch nicht einschlafen vor dem Mittagessen, weil ich mich so auf das Festessen freue. Aber die Tante hat uns nach oben geschickt, damit sie in Ruhe kochen kann. Ist ja auch völlig verständlich, dass sie sich da konzentrieren muss.

Und klar, die Tante hat eine dieser hochmodernen Küchen mit diesen hochmodernen Absauganlagen.

Alle Geruchspartikel werden ins Freie befördert, kaum dass sie entstanden sind.

Sofort!

Da riechst du nichts. Das sind Cockpit-Küchen: Überall Knöpfe, Ventilatoren, Ansaugstutzen, Absaugstutzen.

A really new world of high technology.

Da riechst du nichts vom Schweinebraten oder vom Rinderbraten oder vom Sauerbraten oder vom Schmorbraten oder was dich sonst an Düften so beflügeln könnte.

Alles ist irgendwie ganz anders jetzt als früher bei meiner Großmutter Therese, wenn das ganze Haus geduftet hat nach Bratwurst mit Sauerkraut.

Aber egal: Die Zeiten haben sich geändert und ich rieche einfach nicht, was uns die Tante kocht und brät.

Auch, als ich das Fenster heimlich öffne, um vielleicht wenigstens eine Nase voll von der Abluft zu bekommen, rieche ich nichts.

Keinerlei Wohlgeruch. Nirgends.

Und da denke ich, dass es schon irgendwie ein Verlust ist, ein Kulturverlust, also ein Verlust an Geruchskultur, wenn man nicht mehr riecht, was gekocht wird.

Kein Bratenduft mehr im Haus, der einem das Wasser im Munde zusammenlaufen lässt.

Nichts.

Aber dann der lang ersehnte Ruf: Mittagessen!
Wir eilen!

Ein großer Topf kommt auf den Tisch, der Topf mit dem Festessen.

Wieso denn nur ein einziger Topf, denke ich noch, da lüftet die Tante schon das Geheimnis, hebt den Deckel.

Was hat sie denn gekocht?

Einen großen Topf Mangold hat sie gekocht.
Mangold aus eigener Ernte.
Mangold aus ihrem Garten.
Reines Mangold.
Also deshalb kein Bratengeruch!
Aber das Suppenfleisch, das könnte ich doch gerochen haben,
das Suppenfleisch wenigstens.
Hätte ich wohl auch, aber es war eben keines drin im Mangold.
Absolut nichts. Fleischfreies Mangoldgemüse.
Oder heißt es fleischlos?

Ich sage nichts.
Uta sagt nichts.
Der Onkel sagt nichts.
Mir ist so melancholisch zumute nach dem Mangoldessen.
Knäckebrot, Müsliriegel, Mangold.
Die Melancholie hält an.
Knäckebrot, Müsliriegel, Mangold.
Hält an bis zum Abend.

Am Abend gibt es den Rest vom Mangold.
Es ist ja ziemlich viel übriggeblieben.
Die Stimmung ist gedrückt.
Und jetzt fängt es auch noch an zu regnen.
Schwere Tropfen fallen auf das Glasdach der Veranda.
Ich sage: »Onkel Albrecht, spiel doch was auf dem Klavier!
Mir ist so melancholisch zumute.«
Er spielt das Regentropfen-Prélude von Chopin.
Ausgerechnet das Regentropfen-Prélude!
Auf der ganzen Wanderung war ich als hartgesottener Mensch
unterwegs. Habe alle Strapazen ertragen bei Knäckebrot und
Müsliriegel.
Aber jetzt treten mir die Tränen in die Augen.

Mangoldtränen.

Wanderung 2

Von Ritsem
nach Kvikkjokk

Wortfindungsstörung

»Wir könnten einen Spaziergang machen«, heißt es auf einmal und der Vorschlag kommt nicht von mir. Von Enrico kommt er auch nicht.

Ich mag Spaziergänge nicht. Sie sind nichts Halbes und nichts Ganzes. Schon das Wort »spazieren« ist mir zuwider, ruft in mir unangenehme Gefühle hervor. So nebeneinander hertrotteln ohne Ziel, über dies und das reden, aber über nichts Ernsthaftes. Dann hast du nicht die richtigen Schuhe an – welche nehmen wir denn heute? Ist es matschig vielleicht? Oder trocken? Könnte es regnen? Ist es kalt? Anorak oder nicht? Pullover vielleicht?

Also, das alles ist es womöglich, weshalb ich das Spazierengehen nicht mag, aber vielleicht ist es auch, weil meine Eltern nie mit uns spazieren gegangen sind. Die waren viel zu müde in ihrem bisschen Freizeit und noch mehr Bewegung, als sie eh schon hatten, haben sie nicht gebraucht.

Aber heute, da muss man sich »die Beine vertreten«, muss »Luft schnappen«, muss »sich auslüften«, »walken« oder »joggen« und was nicht noch alles. Und wegen all diesem liebe ich es nicht, das Spazierengehen.

»Wir könnten einen Spaziergang machen!«

Wir, das sind Uta und Ruth, ihre Tochter.

Und »*wir*« insgesamt, das sind außer den beiden noch Enrico und ich. Enrico ist Ruths Freund. Er ist Doktor der Biologie in Helsinki und ein echter Naturwissenschaftler. Forscht über die Wiedereinbürgerung des Weißen und des Schwarzen Nashorns in Südafrika. Das kann man heute auch von Helsinki aus. Geht alles global heutzutage. Kein Problem.

Aber Spazierengehen ist lokal und schon gehen sie los.

Die Sprache auf dem Spaziergang ist Englisch, weil Enrico, der Italiener, fließend Englisch spricht, aber kein Deutsch, wir hingegen sprechen kein Italienisch, dafür Englisch, also eher Basic English, und auf dieser Ebene bewegt sich dann auch die Konversation.

Wir spazieren an einem Weizenfeld entlang. Es ist ein Weizenfeld der Universität. Ein Forschungsfeld. Alle zweikeimblättrigen

Pflanzen sind herausgespritzt worden wie überall. Sie werden mit einem Hormonpräparat herausgespritzt, weil sie ja Unkräuter sind innerhalb der Monokultur und Unkräuter will man nicht haben.

Ich spreche mit Enrico über dieses Problem. Er ist bestens informiert, hat eine kritische Einstellung dazu, aber die Universität, sagt er, forscht in diesem Bereich.

Am Feldrand, wo das Gift nicht hingereicht hat, blüht dann alles, was Unkraut heißt: Schafgarbe, Löwenzahn, Feldstiefmütterchen, Ackerhohlzahn, Flockenblume, Kornblume, Rittersporn, Rainfarn, Ackergauchheil, Margeriten, Weidenröschen, also die ganze bunte Sommerpracht.

Enrico kennt alle diese Blumen, weiß auch, wie sie auf Englisch und Italienisch heißen.

Dann aber diese Blume, die sie alle nicht kennen und die ich nur zu gut kenne, aber deren Namen mir nicht spontan einfällt. Wie heißt sie nur!?

Enrico kennt sie nicht, die beiden Frauen wissen auch nicht, wie sie heißt, nur ich weiß es, aber es fällt mir der Name nicht ein.

Diese Blume! Diese Blume!

Natürlich weiß ich, wie sie heißt. Sie blüht rot, eher blaurot, ist groß, etwa einen Meter hoch oder noch höher, hat solche glasigen Stängel, bildet dichte Bestände an Bachufern, also etwa am Ufer der Elsenz zwischen Meckesheim und Hoffenheim, hat einen Namen, der gar nicht richtig zu ihr passt, der eher gar nicht zu ihr passt, aber den hat sie nun mal und der fällt mir nicht ein.

Peinlich, peinlich, wo ich doch diese Blume schon ausgegraben habe und habe sie im Garten in der Sandgasse in Heidelberg eigenhändig eingepflanzt, hat sich aber nicht gehalten, war vielleicht zu schattig, und jetzt fällt mir der Name nicht ein.

Ich denke scharf nach: nichts.

Ich probiere das Alphabet durch: nichts.

Muss doch aber dabei gewesen sein im Alphabet.

Also nochmal: wieder nichts.

Jetzt geht die Unterhaltung darüber, dass auch der Klatschmohn verschwunden ist und dass er sein herrliches Sommerbild gar nicht mehr malen könnte, der Monet.

Coquelicot, sagen die Franzosen zum Klatschmohn.

Und siehst du, dieser schwierige Name fällt mir sofort ein, aber der Name der großen und auffallenden Blume fällt mir nicht ein. Und die Kamille ist auch verschwunden von den Feldern. Sogar die Kamille, dieses hochberühmte Heilkraut. Nicht einmal die mögen sie, die Bauern mit ihrer ewigen Giftspritzerei. Enrico sagt, dass es ein globales Problem ist mit der Vergiftung der Ackerböden und dass sie daran arbeiten in der Universität von Helsinki.

Nur diese Blume im Straßengraben, so auffällig groß und so auffällig in der Blüte, die sie mit ihrem Gift nicht erwischt haben, wie heißt sie denn bloß?! Lächerlich ist das geradezu, dass mir der Name nicht einfällt.

Wir erreichen den Wald. Das Gespräch mit Enrico wendet sich dem Plantagenwald zu und auch hier geht es wieder um die Probleme der Monokultur und dass die Förster immer diejenigen Bäume pflanzen, die den schnellsten Gewinn versprechen, egal wie gut das Holz ist, sprich Fichte. Dann sprechen wir über den sich selbst verjüngenden Wald in Kanada oder in Lappland, wo kein Förster einen Baum pflanzt und auch das ist kein einfaches Thema, wenn du es auf Englisch erörtern sollst und nur dieses Rest-Englisch aus der Schulzeit zurückbehalten hast.

Dann liegt ein abgestorbener Baum am Wegrand und daneben wieder diese Blume. Auf dem Baum wächst ein Feuerschwamm. Ich erkläre Enrico, was es damit auf sich hat, dass man diesen Schwamm in dünne Scheiben schneidet und trocknet und mit Salpeter tränkt, damit Zunder daraus wird zum Feueranmachen, also natürlich eine altmodische Technik in der Zeit des Feuerzeugs, aber immer noch interessant.

Woher sie denn den Salpeter gehabt hätten, früher, fragt Enrico und ich merke daran, dass er mitgedacht hat.

Sie haben die Feuerschwammscheiben mit Urin getränkt, sage ich und Enrico lacht über die Findigkeit der Steinzeitmenschen. Jetzt ist aber der Feuerschwamm selten geworden, weil die Förster keine abgestorbenen Bäume mehr dulden in ihren Plantagen und nur an solchen Bäumen wächst er, der Feuerschwamm, der Polyporus fomentarius, wie sein wissenschaftlicher Name ist. Den braucht

Enrico zum Eintippen in sein iPhone, damit er den englischen und italienischen Namen herausbringt. Dann sagt Enrico, dass auch die Spechte jetzt ihre Probleme haben, weil es keine abgestorbenen Bäume mehr gibt und dass wegen der fehlenden Spechthöhlen auch viele andere Höhlenbrüter Schwierigkeiten haben, also die Hohltaube, der Sperlingskauz, der Star, der Kleiber. Jetzt macht die Konversation aber schon Schwierigkeiten, weil ich die Namen der Vögel weder auf Englisch noch auf Italienisch kenne, aber Enrico ruft einfach in seinem iPhone den Namen auf und schon erscheint ein Foto des Vogels und ich bin im Bilde.

Aber diese Blume, diese Blume!

Ich beschließe, nicht mehr an sie zu denken, damit bei einem erneuten Versuch, sich ihres Namens zu erinnern, vielleicht die momentane Blockade wegfällt.

Wir kommen aus dem Wald heraus an ein großes Schilfgebiet, dahinter ein riesiger See und hinter diesem die Skyline von Helsinki, aber gute 15 Kilometer weit weg.

»The first observation tower«, sagt Enrico, »let's climb up«. Die Vogelschützer von Helsinki haben ihn gebaut. Das Schilf ist ein Rastplatz für Zugvögel. Heute sehen wir unzählige Arten von Wasservögeln hinter dem Schilf. Enrico kennt sie alle. Ich habe mit den zahllosen Entenarten meine Probleme.

Und dann beim Heruntersteigen wieder diese Blume.

Ich ignoriere sie.

Wir kommen zum observation tower number 2. Ein Vogelschützer ist schon oben.

»That's my favorite tower«, sein Lieblingsturm, sagt Enrico. Er zeigt hinüber zu einer größeren Insel. Dort drüben brüten sie, der Weißstorch, der Schwarzstorch und der Kranich, sagt Enrico. Die ganze Luft ist voller Wasservögel. Die meisten können besser schwimmen oder tauchen als fliegen. Dann fliegt eine Rohrdommel über uns weg.

Ich sage: »Schau, eine Rohrdommel, look, a Rohrdommel«. Enrico kennt weder den Vogel, noch das Wort.

»Spell it«, sagt er, dann buchstabiere ich ihm das Wort und er tippt es in sein iPhone ein.

R-o-h-r-d-o-m-m-e-l.

»I have it«, sagt Enrico und schon hat er Wort und Bild auf seinem Display.

Er staunt nicht einmal über diese technische Höchstleistung, der andere Vogelschützer staunt auch nicht, aber ich staune dann schon, dass man mit so viel Selbstverständlichkeit entferntes lexikalisches Fachwissen über einem finnischen Schilfgebiet so einfach abrufen kann.

Jetzt kommen auch Uta und Ruth angelärmt. Unterhalten sich laut und rufen: »Hallo, Hallo, wo seid ihr?«

Enrico sagt: »Don't be so loud! We are in a reservation area.«

Die beiden kommen herauf.

Dann schauen wir alle in die Runde und steigen wieder hinunter.

Am Fuß des observation tower 2 schon wieder diese Blume!

Vielleicht fällt mir der Name nie mehr ein, denke ich, niemals mehr. Es müsste ein iPhone geben, kommt es mir in den Sinn, mit dem man die Blume fotografiert und dann erscheint der Name auf dem Display. Gibt es aber noch nicht.

Dann unterhalte ich mich mit Enrico über die Familie der Reihervögel, zu der auch die kleine und die große Rohrdommel gehören und dass sie alle mit diesem s-förmig angelegten Hals fliegen, wogegen doch die Störche und die Kraniche und die Gänse den Hals gerade ausstrecken beim Fliegen.

Wir kommen aus dem Wald heraus: Wiese, Kühe, breiter Weg. Jetzt können wir zu viert nebeneinander hergehen. Die Gesprächsthemen ändern sich auch sofort, als die beiden Frauen neben uns gehen:

Enricos Schwester hat Drillinge geboren, einen Jungen und zwei Mädchen. Der Familienname der Kinder ist Papa. Also heißt der Knabe Francesco jetzt Francesco Papa, ist ja klar. Nun gibt es aber den neuen Papst Francesco.

Also *Papa Francesco*, wie die Italiener sagen. Und wenn der Knabe in die Schule kommt, ob das dann nicht Hänseleien geben wird, wenn er Francesco Papa heißt oder Papa Francesco.

Und dann hat ja die Familie Papa auch noch umziehen müssen, also weg von Rom zur Oma Renata in San Daniele in Friaul wegen der Kinderbetreuung, und dass der Vater der Drillinge berufliche Schwierigkeiten hat als industrieller Bad-Designer ist auch klar, weil ja doch ganz Italien irgendwie Schwierigkeiten hat, dass aber die Drillinge schon laufen können und nun im Kindergarten sind und dass sie schon bald wieder werden nach Rom zurückziehen können, die Papas, und dass die Italiener so gut kochen können, also dermaßen gut kochen und dass hier in Helsinki ein italienisches Pizza-Restaurant ist, das sämtliche Zutaten aus Italien einfliegen lässt, sogar das Wasser und das ist nicht übertrieben, weil ja jeder weiß, dass der Kaffee eben in Neapel am besten auf der ganzen Welt schmeckt und das liegt am dortigen Wasser. Enrico sagt – und der muss es ja wissen – dass gerade das Wasser sehr unterschiedlich ist auf der Welt und genau deshalb machten sie auch den besten Kaffee in Neapel.

Aber dann schon wieder diese Pflanze, diese Pflanze!

Ich schaue schon gar nicht mehr hin.

Auch die Salami lassen sie einfliegen und selbstverständlich den Oregano, die Funghi, die Carciofi, einfach alles und selbstverständlich auch das Olivenöl und den Aceto Balsamico.

BALSAMINE, heißt sie. BALSAMINE.

»Die Blume heißt Balsamine«, sage ich laut und unvermittelt: »Die Blume heißt Balsamine!«

Aber das will schon gar niemand mehr wissen, es hört gar keiner hin, weil es doch zu irgendwelchen Problemen kommen könnte in San Daniele in Friaul oder gar in Rom, wenn die Drillinge dort in die Schule kommen in drei Jahren.

Weil doch der Knabe Francesco Papa heißt.

Diese neue Welt

Volta, Ampère, Ohm und Hertz – hätten sie das gedacht, dass sie einmal die ganze Welt beherrschen würden?
Dass sie Weltherrscher werden würden, ohne es zu wollen?
Aber sie sind es wirklich, wenngleich sie die Weltherrschaft nicht angestrebt haben, sondern hineingestolpert sind in diese, sozusagen.
Denn jedes Kind weiß heute zwar nichts von Volta und Ampére, aber es weiß, dass sein Handy oder sein iPhone ohne Strom nicht funktionieren.
Und so, wie die Menschen zur Nacht schlafen gehen, so gehen Handy und iPhone ans Ladegerät und versorgen sich mit neuer Energie für den nächsten Quasseltag.
Man kann sagen, dass ohne Strom heute keine Kommunikation mehr stattfinden könnte.

Und dann denke ich wieder an meinen Großvater Wilhelm Benecke und wie der doch so gut durchs Leben gekommen ist ohne Telefon, Handy, iPhone und sogar ohne Führerschein.
Und dann denke ich an meine Großmutter Therese, wie sie ohne elektrischen Strom für uns sechs Kinder und die Eltern und für sich und den Großvater tagtäglich all die vielen Jahre lang gekocht hat und wie von Telefon, Auto und Autobahn und all den zweifelhaften Segnungen der Gegenwart nie die Rede war.
Und dann denke ich an meine Wildsteiner Großmutter und was für eine zutiefst fromme Frau sie gewesen ist und wie zufrieden sie jeden Tag mit einem Gebet begonnen hat und dass ihr das nie und nimmer passiert wäre mit dem Ladegerät – zum einen, weil sie keines hatte, zum anderen, weil sie sich gleich an die richtige Stelle gewandt hätte, denn sie ist jeden Tag an einem Marterl oder einer Kapelle vorbeigekommen und das war für sie die richtige Stelle.
Auch für ein Ladegerät.

Aber dann bist du als Mensch der Neuen Welt mitten in Helsinki und willst ein Architekturfoto machen vom weißen Dom im

Abendlicht, und da erscheint eine kleine Schrift auf dem Display »Batteriestand niedrig« und sofort versagt der Auslöser, das Objektiv wird automatisch eingefahren und der Fotoapparat beendet seinen Dienst bis zum nächsten Aufladen. Das Bild vom weißen Dom im Abendlicht kannst du dir höchstens merken, aber ein Foto davon machen kannst du nicht.

Gut, kein Problem, muss eben der Akku zu Hause ans Ladegerät und muss aufgeladen werden über Nacht. Geht wie von selbst dank Volta, Ampère, Ohm und Hertz.

Utas Akku ist auch schon leer und das trifft sich gut, da können wir beide gleichzeitig laden.

Nun muss man wissen, dass die Hinreise zu dieser zweiten Lapplandwanderung von Uta minutiös vorbereitet worden ist und zwar nicht nur in Sachen Zugverbindungen, Schiffsverbindungen, Leihwagenvorbestellungen, sondern auch bei allen Fahrtdokumenten und natürlich besonders in Sachen Gepäck. Gerade hier herrscht eine Ordnung, die für mich als einem Menschen mit nicht-schwäbischer Herkunft schon fast beängstigend ist. Da hat alles und jedes seinen genau vorbestimmten Platz und *muss* an diesen zurückgelegt werden. Es ist also völlig undenkbar, dass sich die Zahnbürste anderswo befinden könnte, als in dem ihr zugewiesenen Säckle in der vorbestimmten Seitentasche im Arc'teryx-Rucksack.

»Ohne diese schon extreme Ordnung kannst du es gleich aufgeben«, sagt Uta. »Da verlierst du unendlich viel Zeit mit der Sucherei und eine Kontrolle über die Bestände hast du auch nicht.«

Das ist nun auch für mich einzusehen und deshalb akzeptiere ich ja auch kritiklos Utas Ordnungssystem. Da findest du wirklich alles auf den ersten Griff und das hat auch damit zu tun, dass Uta mich, als die Rucksäcke zu Hause fertig gepackt waren, oft genug examiniert hat:

Wo sind deine Ersatzsocken?

Wo ist das Vlies?

Wo ist das Regencape?

Wo ist dein Rasierapparat?

Wo sind die Zeltheringe?

Wo ist das Verbandzeug?
Und nach mehreren Befragungen dieser Art konnte ich tatsächlich sagen, wo die ganze mitgeführte Zivilisation in den Rucksäcken zu finden war.

Am Abend werden jetzt also die Akkus geladen. Ein Griff nach den Ladegeräten, aber, o Schreck, sie sind nicht am Platz.
Wie kann das passieren?
»Hast *du* sie zuletzt gehabt?«
»Ich habe meinen Akku noch gar nicht aufgeladen, seit wir von zu Hause weg sind. Ich war es nicht.«
»Dann haben wir sie verloren oder vergessen irgendwo in der Old Town Lodge in Stockholm oder in der Kabine auf dem Schiff. Da habe ich doch meinen Akku nachgeladen.«
Ich sage: »In der Old Town Lodge habe ich zuletzt nochmal unter die Betten geschaut und in der Schiffskabine habe ich zuletzt auch nochmal unter die Betten geschaut, das ist so eine Angewohnheit von mir. Da sind sie nicht liegengeblieben.«
»Vielleicht hast du nicht richtig druntergeschaut« sagt Uta, aber was soll ich dazu sagen. Es hätte ja sein können.
Jetzt geschieht das Unglaubliche: Uta beschließt, dass wir die Ladegeräte an Plätzen suchen sollen, wo sie auf gar keinen Fall sein können, nämlich in den Rucksäcken ganz allgemein, nicht nur an ihrem vorbestimmten Einsortierungsplatz. Uta traut ihrem eigenen Ordnungssystem nicht.
Oder traut sie *mir* nicht?
Das heißt aber, dass wir nun in Enricos Gästezimmer den gesamten Inhalt der beiden Riesenrucksäcke auspacken bis zur letzten Ersatzunterhose und nach den beiden Ladegeräten suchen. Das kostet Zeit und kostet Nerven. Vor allem Nerven.
Die Laune von Uta ist schon lange unter die Null-Marke gesunken und leider beginnt auch mein Gemüt sich langsam zu verfinstern, weil ich diese Sucherei nicht mag, sie nicht ausstehen kann sozusagen, wo doch alles so wohlüberlegt und so wohlsortiert in den Rucksäcken gewesen war und nach dem Durchsuchen höchst umständlich und schwäbisch jetzt auch wieder hinein muss, aber die Ladegeräte waren eben nicht dabei und das

heißt: Keine weiteren Bilder von unserer Reise, die doch gerade erst angefangen hat und von deren wesentlichem Teil, der Fußwanderung durch Lappland, wir noch weit entfernt sind.

Wir gehen alle Stationen der Reise nochmal durch, wenn auch schon in gereizter Stimmung:

In Stockholm haben wir sie noch gehabt.

»Uta, da hast du deinen Akku nochmal aufgeladen.«

Ob wir sie dort mit einer Plastiktüte in den Abfall geworfen haben?

Ob sie uns aus der Tragetasche gefallen sind?

In der Schiffskabine könnten sie aber auch im Abfall gelandet sein, denn da haben wir auch noch eine von den Plastiktüten weggeworfen.

»Sie müssen in den Rucksäcken sein«, sagt Uta. »Wir suchen einfach nochmal alles ganz genau durch.«

»Aber die haben wir schon durchsucht«, sage ich.

»Ja, aber wir müssen sie übersehen haben.«

Nun, so klein sind sie ja auch wieder nicht.

»Können wir nicht in Helsinki neue kaufen?«

»Ausgeschlossen! Das ist so was Spezielles, das kriegst du hier nicht. Wir müssen wohl die Reise aufgeben, wenn wir sie nicht finden.«

Ich wage den schwachen Einwand, dass wir auch ohne zu fotografieren vielleicht die Reise machen könnten, finde aber keinen Beifall.

Ergebnis: Uta sucht beide Rucksäcke im Alleingang nochmals durch. Dann ist die halbe Nacht vergangen, jedes Ding ist wieder an seinem Ort im jeweiligen Rucksack und wir haben uns müde gesucht. Die Ladegeräte sind nicht gefunden.

Ich sage zu Uta: »Wir passen nicht mehr in diese Welt. Wir sind nur ein Stück weit gekommen, aber jetzt fehlen uns die Ladegeräte und wir können sie nirgends ordern, weil wir ja auch kein iPhone mit Internetzugang haben und somit kriegen wir sie einfach nicht.«

Und dann sagen wir, dass wir ja nicht nur das Ladegerät 1 neu kaufen müssten und das Ladegerät 2, sondern auch die beiden Spezialkabel, dazu den Akku 2 und die Chipkarten, denn die sind doch auch mit weg und da bist du auf einmal so hilflos in dieser Welt der technischen Abhängigkeiten, wo solche Nebensachen zur Hauptsache werden können.

Und jetzt sagt Uta auch noch:

»Wir passen nicht mehr in diese Welt.«

Da bin ich dann richtig erschrocken, dass sie das sagt, denn ich hatte ja immer geglaubt, wenn jemand in diese neue schnelle Welt passen würde, dann wäre es Uta.

Die Nacht ist unruhig. Ich träume von Adlern, die wir in der Wildlife-Ausstellung auf den Großformatfotos gesehen haben, die unsere Rucksäcke davontragen, von diebischen Elstern, die unsere Ladegeräte gestohlen haben könnten, die mit den Ladegerätekabeln ihr Nest verstärkt haben könnten, denn da war ja ein Foto von einem Vogel gewesen, der Büroklammern in sein Nest verbaut hatte, blaue Büroklammern. Solch ein Vogel hätte unsere beiden Ladegeräte samt den Spezialkabeln mit Vergnügen verbaut und die Chipkarte und den Akku 2 noch dazu.

Aber am Ende dieser unruhigen Nacht, am Sonntagmorgen sehr früh zwischen Wachen und Träumen und so weit von jeder Kirche hier im protestantischen Norden, wo die Kirchen eh nur besichtigt werden, wo du vergeblich auf ein Glockenläuten lauschst am Sonntag, wo du vergeblich nach einem Heiligenbild suchst in einer Kirche oder in einer Kapelle oder wenigstens in einem Marterl, da ist *er* mir wieder eingefallen.

In dieser neuen all-elektrischen Zeit, als mir nämlich im Traum bewusst geworden ist, dass ich doch eigentlich aus einer anderen Zeit stamme, dass ich aus der Alten Welt bin, weil ich ja das Sonntagsgeläut vermisse und keinen Kirchturm sehe, soweit das Auge reicht, da ist *er* mir eben wieder eingefallen, der heilige Antonius. Der meiner Wildsteiner Großmutter sofort eingefallen wäre.

Und dann habe ich zu ihm gesprochen zwischen Wachen und Träumen:

»Heiliger Antonius, du hast mir schon so oft geholfen, hilf mir auch jetzt. Du weißt, dass wir in Stockholm in der Old Town Lodge das Ladegerät noch hatten, und du weißt, dass ich dort beim Weggehen unters Bett geschaut habe; du weißt, dass wir es auf dem Fährschiff Gabriella auch noch gehabt haben und dass dort ein heilloses Durcheinander war in der Kabine und du weißt, dass wir dort die überzähligen Plastiktüten zurückgelassen haben und du weißt, dass ich als gewissenhafter Mensch auch dort unter das Bett geschaut habe und dass ich nichts Zurückgelassenes gesehen habe; du weißt auch, dass Uta und ich hier in Viiki in Enricos Gästezimmer die halbe Nacht lang die beiden Rucksäcke immer wieder durchsucht und die Ladegeräte nicht gefunden haben und heute ist Sonntag und ich bitte dich, heiliger Antonius, gib uns einen Fingerzeig, wo die Ladegeräte sind und auch, wenn du selbst noch nie ein Ladegerät besessen hast, kannst du uns helfen.«

Dann bin ich wieder eingeschlafen, wache aber auf durch einen Freudenschrei von Uta:
»Rate mal, was ich in unserer Verpflegungstasche gefunden habe?«
»Na ja, das weiß ich doch, das ist eine einfache Frage, das Knäckebrot und die Hartwurst und die Müsliriegel und alles.«
»Nein«, ruft sie freudestrahlend, »die Ladegeräte habe ich gefunden und zwar da, wo sie niemals hätten sein können. Nie und nimmer hätten sie in der Verpflegungstasche sein können, nie und nimmer. Deshalb haben wir die auch nicht durchsucht gestern Abend.«
Und jetzt waren sie ausgerechnet da drin.

Beim Frühstück fragt Uta, ob ich denn da eben etwas Unverständliches vor mich hingemurmelt hätte.
»Ach, ja«, sage ich, »ich habe nur so in Gedanken mit einem alten Bekannten gesprochen.«
»Und wer ist der alte Bekannte?«
»Na ja, das ist der Anton«, sage ich. »Den kennst du nicht. An den habe ich gerade gedacht.«

Das Drehcafé

Finnland, das ist ja eher eine flache Angelegenheit. Alles glattgehobelt von den Gletschern in der letzten Eiszeit vor 10 000 Jahren.
Alles glattgehobelt, aber auch Seen ausgefräst, nämlich diese finnische Seenplatte, See an See an See, dazwischen Wälder. Endlos.
Tagelang kannst du da durch Wälder fahren: rechts Wald, links
Wald, alles Birken oder Kiefern und alles flach, ganz selten einmal eine Endmoräne aus der Eiszeit, also eine 10 000 Jahre alte
Geröllhalde und selbstverständlich mit Wald überwachsen. Aber
eben selten genug, diese Endmoränen, und in Kuopio zum Beispiel, da ist eine.
Die ist schon fast wie ein kleiner Berg, sagt Uta, und weil Berge
so selten sind, haben die Finnen auch gleich einen Fernsehturm
hinaufgebaut mit Drehrestaurant. Also wie in Stuttgart oder in
Mannheim, wo du oben sitzen und bei Kaffee und Kuchen eine
erhabene Runde drehen kannst, hoch über den Dächern, eine
unvergessliche Runde.
Und wenn du nun in Finnland durch so viel Wald und Wald und
Wald gefahren bist, dann hast du irgendwann den Wunsch, auch
einmal über den Wald hinwegzuschauen, also dir einen Überblick
zu verschaffen: Wie weit geht denn dieser endlose Wald und da
sagt die Uta, sie ist schon mal auf diesem Turm gewesen in Kuopio, 1968 war das, also vor 45 Jahren, mit ihren Eltern und mit
der Tante und ganz grandios sei dieser Überblick, also das Beste
überhaupt und nur von dort oben könne man sich einen richtigen
Eindruck verschaffen von der finnischen Seenplatte und den un-
ermesslichen Wäldern und noch dazu in einem Drehcafé.
»Da siehst du die ganze finnische Seenplatte unter dir liegen«, sagt
Uta, und nicht nur das. »In weniger als einer Stunde drehst du mit
deinem Kaffee und deinem Kuchen eine Runde über Finnland.«
Und so münden nun alle Gedanken in diesen Turm. Finnland,
das ist der Turm von Kuopio, ganz Finnland wird zu einem
Turm, einem Aussichtsturm mit einer Tasse Kaffee und einem
Stück Schwarzwälder Kirschtorte. Dann denkst du bei dieser
Fahrt durch die endlosen Wälder immer nur an die weiße Por-

zellantasse, die du vor dir haben wirst, und wie der Kaffee daraus hervordampfen wird und wie köstlich er duften wird und dir in die Nase steigen und das alles auf einem herrlich weiß gedeckten Tisch und schön langsam wirst du dich mit Tisch und Stuhl und Kaffeetasse und Schwarzwälder Kirsch einmal rund um den ganzen Aussichtsturm drehen.

Jetzt hat unsere Reise ein Ziel und in Gedanken sehe ich nichts anderes mehr, als die Tasse mit dem dampfenden Kaffee samt diesem finnischen Gebäck mit dem unaussprechlichen Namen – wo doch das Gebäck sehr einfacher Natur ist – und ich sehe, wie ich Sahne und Zucker in den Kaffee einrühre, sehe mich hinausblicken durch die Fensterscheiben in die unbeschreibliche finnische Seenlandschaft, und den unbeschreiblichen finnischen Kaffee sehe ich mich an die Lippen führen, ein unbeschreibliches Erlebnis, vollends auf die Spitze getrieben vom ersten Biss in das finnische Einfachgebäck (*vor* der Schwarzwälder Kirsch), gegen das ein schwäbischer Hefezopf ein lukullisches Großereignis ist.

Genial schon, irgendwie, dass sie diese Drehcafés erfunden haben, und als wir nun auf Kuopio zufahren, sehen wir tatsächlich für einen Augenblick den magischen Turm, in den ganz Finnland mündet, sehen ihn aus der Ferne, wie er oben auf der Endmoräne steht, aber schon ist er wieder verschwunden.

Und dann können wir in Kuopio die Verkehrsschilder nicht lesen, kein Wort verstehen wir von dieser seltsamen Sprache. Piktogramme wären jetzt gut, so ein Turmkürzel wäre gut, ist aber nicht.

Durch puren Zufall findet Uta den Turm. Es geht ein bisschen den Berg hinauf, oben ist ein Parkplatz. Und schon hinein in den Lift und schon oben und schon geht es in das Drehcafé mit den großen Panoramafenstern und schon ist er da, der grandiose Blick über Finnland. Im Hinausgehen aus dem Lift sehe ich: Er hat eine feste Verbindung zum Drehcafé. Ich denke: Sie drehen also den Aufzug mit. Scheint mir schwierig, aber sie haben offenbar eine Lösung gefunden, diese klugen finnischen Ingenieure, dann ist jedoch die Aussicht derart grandios, dass sich alle Gedanken auf die finnische Seenplatte richten.

Wir gehen einmal um den ringförmigen Aussichtsgang herum: Wälder so weit das Auge reicht, Wälder und Seen. Sie haben sogar Erklärungstafeln vor den Panoramafenstern angebracht, Monitore müssen das sein, worauf die markanten Gebäude und Punkte benannt sind. Die drehen sich mit und ich denke, dass es ja heute gar kein Problem ist, das Bild auf dem Monitor zu wechseln, damit es zu der veränderten Aussicht passt. Uta erbeutet nun die beiden einzigen Hochstühle, von denen aus man bequem über die untere Fensterkante hinaussehen kann, aber von diesen beiden Stühlen hat sie zuvor zwei kleine finnische Kinder sozusagen heruntergebeten, also quasi vertrieben. Und jetzt sitzen wir auf den herrlichen Stühlen und zwar genau da, wo tief unter uns die drei Sprungschanzen sind, groß, mittel und klein, und dahinter ein großes Hochhaus-Wohnviertel.

Es ist schon irgendwie aufregend, so ein Drehcafé, denn man spürt die leichten Erschütterungen in den Fußsohlen, weil sich das Café eben dreht, wenn auch langsam.

Sehr langsam.

Der Blick auf die drei Sprungschanzen verändert sich deshalb auch nur unmerklich. Ich kneife ein Auge zu, visiere eine Schanzenecke an und sehe, dass sich das Café wirklich extrem langsam dreht, denke sogar, es hielte von Zeit zu Zeit an, denn der Blick auf die Schanzen ändert sich kaum. Dann sehe ich, dass Uta ebenfalls visiert.

Nach einer Stunde Schanzenblick und Hochhausviertel sind wir immer noch nicht richtig vorangekommen. Wir haben über das Skifliegen gesprochen, über die Vierschanzentournee, über Eddie the Eagle, diesen köstlichen Skispringer mit der dicken Brille, der immer gerade mal kurz hinter dem Schanzentisch wieder aufgesetzt hat, weshalb sie die Regeln für die Qualifikation verändert haben, damit er nicht die ganze Skispringerei konterkariert und lächerlich macht, aber dass sich noch heute jeder an Eddie the Eagle erinnern kann und an die anderen Ski-Weitflieger niemand.

Dann haben wir über die magersüchtigen Skispringer gesprochen und ich habe von einem Film erzählt, von dem mir mein Sohn Veit erzählt hatte, dass in dem Film lauter magere Bürschchen am Meer herumgerannt seien, also beängstigend mager, und das seien die Hochleistungsskispringer gewesen. Unglaublich dünn und natürlich kein Wunder, dass sie oft genug durchdrehen.

Dann haben wir uns über Sommerschanzen mit Kunststoffbelag unterhalten und über die Sommerschanze in Steinbach-Hallenberg, wo mein Schwager Karl an einem Regentag über die Kunststoffmatten hinuntergesprungen ist und ich ihn dabei fotografiert habe, dann haben wir uns über Seitenwindprobleme beim Skifliegen unterhalten über die Spezialbindungen der Sprungski, über Schanzentourneen und über unsere Hopserschanzen aus Schnee, die wir als Schüler gebaut haben, um fünf Meter weit zu springen und über die Schanzen in Oberstdorf und Innsbruck.

Währenddessen habe ich immer wieder gepeilt, aber wir sind nur entsetzlich langsam vorangekommen, doch die leichten Erschütterungen im Fußboden haben wir schon gespürt, weil sich ja das ganze Café gedreht hat, und dann haben wir uns unterhalten über die Hochhausarchitektur in Kuopio und über Wohnarchitektur im Allgemeinen, haben die Stockwerke in den Hochhäusern gezählt, neun Stück à vier Wohnungen macht 36 Personen pro Stockwerk bei einer Zwei-Kinder-Familie, also pro Hochhaus 324 Personen plus Erdgeschoß und so blicken wir auf die Wohnungen von rund 7 000 Personen und auf drei Schanzen.

Meine Peilungen haben eine wirklich sehr langsame Rotation des Cafés ergeben, Uta hat sogar während unseres Gesprächs den Fotoapparat auf das Fensterholz gelegt und hat bei so fixierter Kamera Vergleichsfotos im Abstand von fünf Minuten gemacht. Dabei hat sie aber auch nur festgestellt, dass sich das Café ganz langsam dreht.

Unser Kaffee ist längst alle, der Kuchen längst aufgegessen und da sagt Uta, die mal wieder ungeduldig ist: »Wir nehmen jetzt unsere Stühle und rücken einfach zehn Meter vor, damit wir mal etwas anderes sehen, damit wir nicht noch länger auf die drei Schanzen und die Hochhäuser schauen. Die beobachten wir jetzt schon fast eineinhalb Stunden lang.« Also rücken wir unsere Stühle drei oder vier Fenster weit vor und sehen nun die Stadt Kuopio unten liegen. Das sind lauter Beton-Glas-Plattenbauten, also es ist kein städtebaulicher Höhepunkt zu erkennen, wie Schloss oder Burg oder Dom oder wenigstens Kirche oder Rathaus. Nur Plattenbauten.

Ich schaue auf die finnische Seenplatte, spüre das leichte Zittern im Fußboden und freue mich, dass ich in diesem Drehcafé sitze, hoch über Kuopio. Jetzt aber fragt Uta, die schon wieder ungeduldig ist, die freundliche finnische Bedienung, ob sich denn vielleicht das Drehcafé intervallweise dreht, also mal stehenbleibt und dann wieder weiterdreht. Aber wie soll denn das sein, wenn wir doch dauernd das Zittern im Fußboden spüren! Warum fragst du denn sowas, Uta?!

Die höchst erstaunliche Antwort ist, dass sich das Restaurant hier oben überhaupt nicht dreht, sondern das Restaurant eine Treppe tiefer dreht sich.
»It does not turn at all: The Restaurant below us turns.«
Wir sind platt.
Uta sagt, wir sind unserer Einbildung aufgesessen, haben einfach nicht wahrhaben wollen, dass sich nichts dreht. Und irgendwie erschüttert bin ich dann schon, als wir die Treppe hinuntergehen. Wir sind beide erschüttert über uns selbst. Über unsere unerschütterliche Einbildung.

Aber eine Treppe tiefer, da ist es nun, das Drehcafé und jetzt fahren wir zur Belohnung bei einem köstlichen finnischen Menü und bei deutlicher Fortbewegung eine unvergessliche Runde.

Mystik

Lappland!

Diese Mützen, diese Zelte, diese Herden, diese Weiten, diese Gletscher, diese Einsamkeiten, dieses Land hinterm Polarkreis! Lappland, das ist Mystik pur.

3 300 Kilometer weit musst du anreisen, und das solltest du nicht mit dem Flugzeug tun, weil dann die Mystik zurückbleibt hinter dir, sondern mit der Bahn solltest du anreisen und mit dem Schiff und zuletzt mit dem ganz gewöhnlichen Linienbus. Nur dann kannst du sie empfinden diese Mystik, denn mit der Schnelligkeit ist es nicht getan.

Schnell mal ein bisschen Mystik tanken, das geht eben nicht. Da musst du dich schon bequemen und dich unterordnen, damit sie dich erreichen kann, die Mystik, und nicht vor dir zurückweicht, weil du zu schnell bist.

Aber wenn du es schaffst, dich langsam genug anzunähern, dann kann es schon sein, dass du die Mystik dieses Landes erlebst, dass du ihrer teilhaftig wirst in unserer so ganz entmystifizierten Welt.

Wo es keine handyfreien Refugien mehr gibt.

Wo du immer erreichbar bist, Tag und Nacht erreichbar.

Anquatschbar.

Störbar.

Verletzbar.

Und wenn sich nun die Mystik dort oben in der Gegend beheimatet hat, in der sich seit der Eiszeit nichts getan hat, also nichts verändert hat durch Menschenhand, dann ist sie trotzdem nicht robust, dann könnte schon ein Handytelefonat genügen und sie wäre verschwunden, denn sie ist hochsensibel, also überempfindlich könnte man vielleicht sagen, oder scheu.

Jetzt sind aber die Voraussetzungen für die Mystik in Lappland besonders gut, denn es gibt ja nicht einmal ein Handynetz. Und da nützt dir auch das beste Handy nichts, ist nur ein zusätzliches Gewicht, das du mitschleppen müsstest, ohne jeden Nutzen, weil du ja sowieso nicht erreicht werden kannst und niemanden erreichst. Es würde auch die Mystik kaputtmachen im Handumdrehen, für die du so weit gereist bist.

Vielleicht ist es ja das: Du verschwindest sozusagen aus der Zivilisation, bist unerreichbar, bist unauffindbar, bist in einer anderen Welt, in einer mystischen Welt. Das ist Freiheit heutzutage und das ist Mystik heutzutage.

Denn du lässt ja nicht nur die Dauererreichbarkeit hinter dir zurück, sondern den ganzen Rattenschwanz der Zivilisation – die Autos, die Straßen, die Häuser, die Elektrizität, das Leitungswasser, das Radio, den Fernseher, die Tageszeitung, das water closet – alles lässt du hinter dir zurück. Und auch Tisch und Stuhl, Tür und Tor, Haus und Hof, Bett und Bad, alles ist hinter dir zurückgeblieben. Als Ersatz für das alles hast du ein Zelt dabei, das du auf dem Rücken trägst, das ist das Haus, und einen Spirituskocher, das ist die Küche, und eine Isomatte mit Schlafsack, das ist das Bett.

Aber das ist sie vielleicht, die Mystik: diese Ausblendung der gesamten gewohnten Zivilisation.

Das ist unvergleichlich, das ist gegen jede zivilisatorische Fortentwicklung, das ist gegen menschliche Gruppenbildung, das ist gegen Kommunikation, das ist gegen Luxus, das ist mystisch.

Und deshalb lieben wir es ja auch, dieses Wandern im menschenleeren Lappland, fahren 3 300 Kilometer weit nach Norden und 140 Kilometer hinter dem allerletzten Dorf betreten wir das Land ohne Zivilisation. Dabei sind wir uns dann schon bewusst, was das kleine Volk der Lappen leistet – Sami soll man ja sagen, nicht Lappen – die sich schon seit der Eiszeit hier oben halten mit ihren Rentierherden, die also schon seit 9 000 Jahren hier leben in 450 Generationen und mit ihren Tieren ziehen all die Jahrtausende lang, im Sommer auf die hohen kahlen Bergflächen, die Fjälle, im Winter zurück in die endlosen Wälder, die letzten Nomaden im heutigen Europa.

Aber das ist sie eben, die Mystik, dass du in diesem Landstrich wanderst, der sich seit der Eiszeit nicht verändert hat mit seinen ungeheuren Tälern, die von den Gletschern ausgefräst worden sind, mit seinen Flüssen, die seit Jahrtausenden immer gleich und unangetastet durch die Einöden rauschen. Das ist dann schon ein Wanderparadies, wie du es sonst nirgends findest.

Ein Schlaraffenland ist das für Wanderer und wir gehören jetzt dazu, als Wanderschlaraffen sozusagen, und wir wandern von Vaisaluokta auf den Mittelpunkt des Schlaraffenlandes zu, auf Staloluokta.

Bevor du aber dahin kommst, wo dir die gebratenen Wanderwege in den Mund fliegen, musst du nach altem Schlaraffenbrauch dich durch den großen Grießbreiberg fressen. Der fängt in Vaisaluokta an und fünf Tage lang über Stock und Stein mit deiner Ausrüstung auf dem Rücken (30 Kilo Zivilisation hast du trotz allem dabei), frisst du dich durch den Grießbreiberg, über die öden Hochflächen, über die nicht enden wollenden Kahlgebirge, die verblockten Wege, Sturzbäche, Wildwasser und immer wieder die zähen Steigungen, die nicht aufhören wollen, bis du endlich da bist in Schlaraffistan. Redlich durchgefressen hast du dich durch den Grießbreiberg als Wanderschlaraffe, aber jetzt bist du da in Staloluokta, dem Traumziel am Traumsee mit den Traumwegen, mit der Traumsiedlung der Sami hier in ihrem Traum-Sommerlager. Und jetzt, jetzt soll alles beginnen mit der ganz großen Wandermystik.

Angekommen für unsere Schlaraffentour sind wir in Ritsem, der großen Fjällstation, wo sich alle noch einmal gründlich stärken für ihren Marsch durch den Grießbreiberg. Am Morgen sitzen sie dann im düsteren Gemeinschaftsraum herum, überall in den Ecken sitzen sie, die finsteren Müslischaufler, und auf einmal schauen sie alle zum Fenster und ich höre etwas und es ist tatsächlich ein Hubschrauber. Der landet direkt vor der Fjällstation und hinein steigen die drei jungfrischen Belgier, die wir schon im Bus getroffen haben, und lassen sich über den See fliegen, weil sie in den Sarek wollen zum Wandern, also direkt nach Wanderschlaraffia ohne Grießbrei, weil ihnen das Durchfressen viel zu mühevoll ist. Das dauert ganz einfach zu lang für diese schnellen jungen Leute. Die können keinen Grießbreiberg brauchen. Die lassen ihn aus und überfliegen ihn einfach im Hubschrauber.

Sind eben Überflieger und keine Grießbreifresser wie wir.

Und schon sehen wir sie einsteigen und schon heben sie ab und schon sind sie in der Luft und schon gehts ab über den großen Grießbreiberg, direkt in die Hauptstadt der Wanderschlaraffen, die wir Mystiker in fünf Tagen zu erreichen hoffen, wenn es nicht regnet, wenn wir nicht bei Dauerregen im Zelt bleiben müssen oder wenn es womöglich schneit, wie einige berichtet haben, sodass wir gar nicht durchkommen auf den zugeschneiten Wegen. Wir wandern los.

Jetzt kommen mir aber erstmals leise Zweifel in Sachen Mystik und ich überlege, ob sie das überhaupt verträgt, das mit den Hubschraubertaxis.

Bei der ersten Rast haben wir die schweren Rucksäcke an einen Felsen gelehnt, da kommt ein Hubschrauber vorbei in Richtung Staloluokta. Er fliegt niedrig und schnell, aber man sieht die Passagiere winken. Wir winken zurück.

Und dann frage ich Uta, wo denn jetzt die Mystik bleibt und sie sagt, man wird wohl Abstriche machen müssen in Zukunft.

Da wird uns schon am allerersten Wandertag klar, dass die Zeit auch hier hinterm Polarkreis nicht stehengeblieben ist, dass die Sami keineswegs auf den Kopf gefallen sind, sie – im Gegenteil – Kinder der Moderne geworden sind, dass sie – Mystik, ade! – Hubschrauber gekauft haben, dass sie zu Piloten sich haben ausbilden lassen, dass sie eine reguläre Hubschrauber-Fluglinie installiert haben mit gedrucktem Zeitplan und dass sie nun täglich dreimal die Wanderer, die es eilig haben, zur Schlaraffenhauptstadt fliegen: *Hop on – hop off – and pay by card.*

Aber das schmerzt dann schon irgendwie, tut dir nicht gut irgendwie, unterminiert auch die ganze Mystik irgendwie, wenn du dich gerade mit den 30 Kilo auf dem Buckel über den Grießbreiberg quälst in Regenhose, Regencape und Gamaschen, Schritt für Schritt, die Wege verblockt, versumpft, verglitscht, verwässert, steil und endlos, innen bist du nass vom Schweiß, außen nass vom Regen, die Rucksackgurte schneiden schon lange ein und die Schnaken plagen dich – und dann fliegen sie einfach über dich hinweg:

Flap – flap – flap, hörst du sie kommen,
flap – flap – flap, fliegen sie vorbei,
flap – flap – flap, sind sie schon wieder weg.
Dekadenz, sagen wir.
Wandererpersiflage, sagen wir.
Lapplandparodie, sagen wir.
Elixiere des Teufels, sagen wir.
Faulheit pur, sagen wir.
Gottsjämmerliche Bequemlichkeit, sagen wir.
Typisch für unsere Schnäppchenideologie, sagen wir.
Die Anstrengungen der Wanderungen auslassen und nur die
Spargelspitzen essen.
Ende der Mystik, sagen wir.
Entmystifizierung, sagen wir.
Entmystifizierung.
Das ist es.

Aber da machen wir nicht mit.
Denn diese Dekadenz pur, das ist nicht unsere Sache.
Nur wer sich ehrlich durchgequält hat, kann die tiefe Freude in
Staloluokta empfinden.
Per aspera ad astra, sagen wir.
Uta schaut ganz betroffen. Es sind die Hubschrauber, die ihr aufs
Gemüt gehen. Lappland, das ist doch schon immer ihr Traum
gewesen. Die heile Welt. Das Paradies.
Und jetzt steigt sogar ein Groll in uns auf: Seit 9 000 Jahren woh-
nen die jetzt schon hier und auf einmal brauchen sie den Hub-
schrauber:
Fiskflyg, Touristenflüge, Lufttaxi, Notfallflüge, Rettungsflüge,
Materialtransportflüge, sogar ihre Herden treiben sie schon mit
dem Hubschrauber.
Ende der Mystik.
Uta sagt gar nichts mehr.
Ich sage: Nicht hinschauen, nicht hinhören, nicht drüber nach-
denken, ignorieren, einfach weiter durch den Grießbreiberg,
nicht beirren lassen.
Einfach weiter durch den Grießbreiberg: Fernziel Schlaraffia.

Traumort, Traumsee, Traumwiese, Traumwege.
Wenn wir erst dort sind in fünf Tagen.
Wenn der Regen aufhört.
Wir lassen uns die Mystik nicht kaputtmachen.

Dann treffen wir Sven.
Sven ist von Kvikkjokk heraufgewandert. Hat sozusagen den Grießbreiberg von der anderen Seite her durchfressen. Kvikkjokk ist unser Fernziel. Sven erzählt von dem sehr schwierigen Wegstück, von dem katastrophalen Wegstück, von dem unbegehbaren Wegstück auf den ersten zwei Etappen von Kvikkjokk herwärts.
»Wenn es regnet, habt ihr keine Chance«, sagt Sven.
»Aber wir müssen nach Kvikkjokk«, sage ich, »wir müssen da einfach durch.«
Sven schüttelt den Kopf.

Dann treffen wir Viktor. Er ist Schweizer, war früher mal zwei Jahre lang bei der Schweizergarde im Vatikan. Geht schon viele Jahre hierher nach Lappland zum Wandern und zum Fischen. Kennt alles.
»Die letzten zwei Etappen von hier nach Kvikkjokk«, sagt er, »die sind kaum zu machen. Wenn es regnet, ist es aussichtslos: glatte Felsplatten, sehr abschüssig, Geröllfelder, Klippenfelder, Sturzbäche, alles zugewachsen, da kommt ihr nicht durch.«
»Aber wir müssen nach Kvikkjokk«, sage ich, »wir müssen da einfach durch.«
Viktor schüttelt den Kopf.

Dann treffen wir die sportliche alte Dame.
Sie ist Mystikerin.
Kommt von Kvikkjokk.
»Wie ist der Weg?«
»Oh, sehr schlecht. Vor allem, wenn es regnet. Muddy, slippery. Diese Vegetation! Alles zugewachsen mit Büschen. Wenn es regnet werdet ihr durch und durch nass. Throughout wet«, sagt sie, »throughout wet. Und wenn es feucht ist, die vielen Moskitos! Entsetzlich, terrible!«

»Gibt es denn keine Alternative?«, frage ich. »No«, sagt sie, «it's the only way to Kvikkjokk.«

Jetzt fragen wir jeden, den wir treffen. Immer die gleiche Antwort: Bei Regen höchst gefährlich. Sturzgefahr und Absturzgefahr. Unbegehbar.
Aber wir kommen bislang gut voran auf unserem Weg nach Kvikkjokk. Die Hubschrauber sind uns inzwischen egal. Sie fliegen Linie, man kann die Uhr danach stellen.
Wir erreichen nach langer Etappe auf miserablem Weg die Station Tarrekaise. Jetzt sind es nur noch zwei Tage bis nach Kvikkjokk. Unsere letzten beiden Etappen. Die Horroretappen.
Der Hüttenwart erzählt, dass bei Kvikkjokk ein Braunbär gesichtet wurde, dass er aber niemanden angegriffen hat. Dann berichtet er noch, dass nicht weit von hier auf der anderen Flussseite vorige Woche eine Bärin mit drei Jungen beobachtet wurde.
Wir überlegen, dass wir auf dem Weg nach Kvikkjokk noch einmal zelten müssen, wenn wir rechtzeitig an der Fähre sein wollen, die uns über den See bringt, und dass wir demnach in der Bärenregion zelten müssen. Und dann kommen am Abend auch noch zwei ungeheure Elche aus dem Wald, direkt an der Hütte, fressen gemütlich vor unseren Fenstern, knabbern an der Wäscheleine und lassen es sich eine halbe Stunde lang gutgehen, direkt vor uns.
Da muss ich sagen, dass uns diese Riesen schon einen gehörigen Respekt eingeflößt haben, denn sie sind viel größer als ein Pferd.
Uta schläft sehr unruhig und auch ich denke an die gewaltigen Elche und an die Bären, in deren Revier wir morgen wandern und sogar noch zelten wollen.

Am nächsten Morgen um vier Uhr setzt Regen ein. Der Regen wird immer heftiger, wird zum Starkregen. Es regnet jetzt ohne Unterbrechung schon den ganzen Vormittag. Der Hüttenwirt kommt die Wiese herauf in seiner Regenmontur und sagt, der Regen werde noch zwei Tage anhalten und solle noch stärker werden. Man sieht schon überall die weißen Sturzbäche von den Bergflanken herunterrauschen und man hört sie auch. Es ist ein gewaltiges Rauschen von überallher.

Der Weg nach Kvikkjokk ist unbegehbar geworden.

Ich schaue nach den Wolken. Sie hängen sehr tief.

Wenn der Regen anhält, sitzen wir hier fest. Und wenn er in zwei Tagen aufhört, dann rauschen die Sturzbäche noch tagelang über den Wanderpfad und sind nicht überquerbar. Der Weg nach Kvikkjokk ist abgeschnitten.

Das ist sie, die Mystik pur.

In diesem Augenblick hat es in meinem Kopf einen seltsamen Ruck gegeben.

Ich frage den Hüttenwirt, ob er uns einen Hubschrauber bestellen kann, hier vor die Hütte, der uns nach Kvikkjokk fliegt. Er sagt, ich soll mit ihm hinunter in seine Hütte gehen, er muss mit dem Satellitentelefon anrufen, ob sie fliegen können bei diesem Wetter.

Die Frau in der Hubschrauberzentrale in Kvikkjokk will wissen, wie hoch die Wolken hier oben in Tarrekaise sind. Der Hüttenwirt spricht ziemlich lange schwedisch, dann sagt er: »Um eins kommt der Hubschrauber.« Eine halbe Stunde vorher sollen wir fertig gepackt haben.

Ich hole tief Luft und sage zu Uta: »Um eins kommt der Hubschrauber und holt uns.«

Uta schaut mich ungläubig an.

Um eins landet der Hubschrauber auf dem Grasfleck vor der Hütte. Wir steigen ein, heben ab. Zwischen den tiefhängenden Wolken und dem Wald geht es durch den strömenden Regen.

Unter uns Wildbäche, Wasserfälle, Schluchten, Felsen, Urwald.

Nach zehn Minuten landen wir in Kvikkjokk.

Uta sagt: »Es ist eine eigenartige Sache mit der Mystik. Mal ist sie da, mal ist sie weg. Zuletzt war sie ganz verschwunden, aber ich spüre schon, wie sie wieder zurückkommt.«

Dann sind wir in Kvikkjokk zu dem ungeheuren Wildwasser hinaufgegangen und haben zugeschaut, wie es nach all dem Regen über die Felsen tost in seiner Urgewalt und dann war sie ganz plötzlich wieder da, die Mystik von Lappland.

Glück und Nagelfluh

Du kennst doch die Nagelfluhkette?
Natürlich kennst du sie. Das ist der Gebirgszug südlich von
Oberstaufen. Ein Blumenparadies ist das.
An manchen Stellen.
Der Nordhang der Kette fällt senkrecht ab und der Südhang,
auf dem weiden die Kühe bis ganz oben hinauf. Der Südhang ist
Weideland. Und die Kühe kennen natürlich kein Pardon gegen-
über seltenen Blumen. Selten oder nicht selten: Hauptsache, sie
schmecken!
Das ist ja auch der Grund dafür, dass du die seltenen Schönheiten nur an den unzugänglichen Stellen findest, wo sich die
Kühe nicht hintrauen oder wo die Hirten eine Absperrung hin-
gemacht haben. Da ist dann aber auch die volle Blütenpracht.
Unglaublich, was da alles blüht.
Jetzt stell dir aber vor, wie das in Lappland ist: Keinerlei unzugäng-
liche Stellen! Alles ist Weideland für die 17 000 Rentiere, allein in
der Padjelanta-Region. Und wenn das nun auf der Nagelfluhkette
ebenso wäre und die Allgäubauern hätten dort hinauf zur Som-
merweide 17 000 Stück Vieh getrieben, was wäre dann wohl noch
übrig von der Flora beim Almabtrieb? Ein paar harte Stängel vom
gelben Enzian vielleicht und ein paar giftige Eisenhut-Überbleib-
sel und natürlich Kuhfladen, flächendeckend.
Jetzt sind aber die Weidegründe in Lappland schon größer als
die auf der Nagelfluhkette und die Rentiere sind ja auch viel kleiner und leichter als die Allgäukühe, aber es sind eben sehr viele
Rentiere und die Flora ist von sich aus nicht besonders üppig,
auch vor Beginn der sommerlichen Weidesaison nicht. Eher
Moos und Flechten als Enzian und Almenrausch. Eher Borstgras
und Segge als Türkenbund und Bergaurikel.
Dazu muss man sagen, dass die Eiszeitgletscher alle Berge dort
oben am Polarkreis rund gehobelt haben, dass sie die Steilwände
abgeschrägt haben, also flacher gemacht, und mit dem abgeho-
belten Material haben sie die Löcher und Abgründe aufgefüllt. Da
gibt es vielleicht gar keine unzugänglichen Stellen mehr wie in den

Kalkalpen, wo die Frau Flora ihren bunten Teppich an manchen Stellen noch ungefährdet ausbreiten kann. Und wo dann höchstens mal so ein kleines Alpenmurmeltier ein paar Kräuter herauszupft aber nicht die riesigen Wiederkäuer alles plattfressen.

Und wenn du jetzt weißt, dass die Rentiere überall hinkommen, dann kannst du es dir schon vorstellen, wie dünn er ist, der Lappland-Pflanzenführer.

Und dann überhaupt diese Rentiere! Das sind ja ungemein elegante Traber. Wie leicht sie über die moorigen und nassen und federnden Untergründe dahintraben, so, als hätten sie gar kein Gewicht.

Stell dir hier eine Allgäukuh vor! Augenblicklich wäre sie bis zum Bauch und noch weiter versunken und keiner könnte sie mehr herausziehen. Gottsjämmerlich ersaufen würde sie. Aber die Rentiere, die tänzeln über alles so drüber weg, als wögen sie nichts.

Ich kenne überhaupt kein Tier, das so leichtfüßig trabt: die Rehe nicht, die Hirsche nicht, die Gämsen nicht, die Schafe nicht, die Ziegen nicht, die Pferde schon gar nicht, weil die sind eh viel zu schwer.

Wenn du das einmal gesehen hast, wie leicht die Rentiere über die endlosen Heidekrautflächen hinwegfliegen, dann weißt du, was Traben ist. Selbst unser Wort »Traben« hört sich da viel zu schwer an. »Tanzen« wäre vielleicht ein passendes Wort oder »Tupfen«.

Und so kommen sie denn auch überall hin mit der ihnen eigenen Leichtigkeit.

Klar, für Flechtenfreunde bringt der Pflanzenführer schon was: Becherflechte, Tafelflechte, Trichterflechte, Siebflechte, Schalenflechte, Tassenflechte, Purpurflechte, Türkisflechte, Rostflechte, Bartflechte und wie sie alle heißen mögen, die kleinen Unscheinbarkeiten. Nicht zu vergessen die Rentierflechte, also die eigentliche Nahrungsgrundlage für die 17 000 Traber der Region.

Aber Blüten haben sie allesamt nicht. Sind ja Blütenlose. Flechten eben. Pionierpflanzen. Blätter haben sie auch nicht.

Da musst du schon Abstriche machen, wenn du an den Eisenhut gewöhnt bist und an den Germer, an den gelben Enzian und an die Trollblumenwiesen.

Denn falls mal wirklich etwas blüht dort oben hinterm Polarkreis, so ein gelbes Winzigwesen direkt am Weg, dann willst du selbstverständlich ein Foto machen. Aber wenn du aufrecht stehenbleibst beim Fotografieren, bist du zu weit weg. Der Zoom bringt dich auch nicht nahe genug heran, von Formatfüllung schon gar nicht zu reden, und wenn du dich aber hinkniest mit den 30 Kilo auf dem Rücken, dann kommst du ja nicht wieder hoch. Dann müsstest du den Rucksack absetzen und vor allem müsstest du ihn hinterher wieder aufsetzen, was ja auch nicht immer gleich gelingt, weil es so eine Prozedur ist.

Ist dir das Foto wirklich so viel wert?

Ach, eigentlich nicht!

Und weiter gehts ohne Foto von dem gelben Winzling.

Wie mag er heißen?

Einen Blumenführer haben wir nicht dabei. Zu schwer! Da bleiben sie für uns also namenlos, die wenigen kleinen Schönheiten.

Jetzt aber die beiden Blumenfreundinnen, die wir getroffen haben, nicht weit von der vierten Hütte: zwei ältere Damen, rüstig, mutig, klug. Die eine der beiden kann nicht mehr gehen. Sie humpelt entsetzlich. Wir bleiben stehen. Man bleibt immer stehen, wenn einem jemand begegnet, einmal am Tag vielleicht: Woher? Wohin? Wie lange schon?

Und da kommt es heraus, dass die eine der beiden das »kleine gelbe Gletscherhornkraut« direkt am Weg hatte fotografieren wollen und ist dabei so unglücklich abgerutscht mit ihrem Knie vom Brettersteg, weil eben auch der schwere Rucksack, und dann ist sie nicht mehr hochgekommen, ja auch dann nicht einmal mehr hochgekommen, als sie den Rucksack abgenommen hat, denn im Knie war irgendwas abgerissen.

Und dann sind sie *zum Glück* bis zur Schutzhütte gekommen, denn die war gleich in der Nähe und *zum Glück* war in der Schutzhütte ein Student aus Uppsala, der schreibt dort seine Zulassungsarbeit und hat ein Satellitentelefon und konnte *zum Glück* den Rettungshubschrauber anrufen und der kommt auch, aber er kommt erst dann, wenn sie wieder bis zum Landeplatz humpeln kann und der ist *zum Glück* nur einen Kilometer weit von der Hütte weg, aber das Knie muß erstmal so weit sein und es ist ja schon so weit abgeschwollen, dass sie wieder vor die Hütte kommen können und ein bisschen probieren seit heute, seit vorhin eigentlich erst, und da sind sie gleich zum kleinen gelben Gletscherhornkraut hingehumpelt und wollten es fotografieren, aber da hatten es die Rentiere schon abgefressen.

So ein Pech!

Jetzt warten sie schon seit 14 Tagen in der Hütte, aber *zum Glück* sind es nur noch ein paar Tage, dann ist das Knie wieder so weit und sie können bis zum Landeplatz gehen und der einsame Student aus Uppsala ist *zum Glück* immer noch da, denn er hat seine Zulassungsarbeit immer noch nicht fertig und da haben sie immer noch das Satellitentelefon.

Was für ein Glück sie doch haben, die beiden alten Damen!

Dann sage ich zu den beiden Frauen, so gesprächsweise eben, dass ich vor Kurzem auf dem Hochgrat bei Oberstaufen gewesen bin und dass ich dort Türkenbundlilien gesehen habe, hüfthoch, und gelben Enzian, noch höher als hüfthoch und dass ich dort Eisenhut gesehen habe, so groß wie ich.

»As high as you?«, fragen sie ungläubig und wie aus einem Mund und ich sage: »As high as me!«

Da sagen sie gar nichts mehr, rollen nur die Augen beim Goodbye und ich denke, ob es vielleicht falsch war, dass ich das gesagt habe vom gelben Enzian und vom Türkenbund. Dass ich es hätte doch wohl verschweigen sollen gegenüber dem kleinen gelben Gletscherhornkraut.

Aus Anstand.

Die blaue Flasche

Außen in den Netztaschen rechts und links am Hightechrucksack stecken die beiden Hightechtrinkflaschen, made in Switzerland, ganz aus Aluminium wegen der Gewichtsersparnis, aber völlig einfallslos in der Formgebung. Bei Weitem auch nicht so durchdacht wie die ehemalige (soldatische) Feldflasche, flachgedrückt und mit einem Filzüberzug zum Nassmachen und Kühlhalten mit Hilfe der Verdunstungskälte. Stattdessen aber eine sehr auffällige Farbgebung, giftgrün die eine, kobaltblau und auf Hochglanz getrimmt die andere, als ob die Farbe die Mängel in der Formgebung ausgleichen könnte. Und weil den Flaschendesignern nichts eingefallen war als ein Zylinder, oben verengt und mit Schraubverschluss, also nichts eingefallen in Richtung Ergonomie, oder sagen wir Flachmann, haben sie allen Erfindergeist, den ein Schweizer Flaschenverschlussdesigner haben kann, hier hineingelegt.

Das Ergebnis sind Schraubverschlüsse mit Bügel, denn die Idee war wohl, dass man die Flasche mit einem Karabinerhaken an ebendiesem Bügel am Rucksack anheften kann, falls die Flasche, glatt wie sie ist, herausrutschen sollte aus der Gumminetzseitentasche am Rucksack.

Bei unseren beiden Flaschen waren nun die Schweizer Flaschenverschlussdesigner von unterschiedlicher Qualität, denn so gut sich Utas giftgrüne Flasche einklinken ließ, so schlecht ging es bei meiner kobaltblauen, nämlich gar nicht. Der Bügel war einfach viel zu breit geraten im Designerrausch und einen so großen Karabinerhaken hatten wir nicht dabei, denn es geht bei einer solchen Wanderung um jedes Gramm und Uta legt ja auch alles vorher auf die Briefwaage. Das heißt nun aber, dass der Kobaltblauen die zusätzliche Sicherung am Rucksack fehlte, sie steckte einfach nur so in der Gumminetzaußentasche und leuchtete blau. Ein sehr heftiges Blau, nebenbei bemerkt.

Selbstverständlich habe ich es probiert, ausgiebig sogar probiert, das Einklinken des Schraubverschlussbügels in den Karabinerhaken, und Uta hat ja auch sehr darauf gedrängt, denn die beiden Flaschen waren doch ihre erklärten Lieblinge, aber ich bin ohne Erfolg geblieben mit der Einklinkerei.

Leider.

Da haben sie eben aneinander vorbeidesignt, die Schraubverschlussdesigner und Karabinerhakendesigner, und zwar gründlich. Denn jetzt stehst du da in der Wildnis, willst deine kobaltblaue Hightechtrinkflasche am Rucksack einklinken und dann passen die Module nicht zueinander. Wir probieren es zwar immer wieder abwechselnd, Uta und ich, weil doch die Flaschen so sündhaft teuer waren, aber die Kobaltblaue lässt sich nicht einklinken. Und dann wird dir klar, dass im Outdoorbereich, ganz besonders aber im Bereich Schraubverschlussbügel, eine EU-weite Norm fehlt. Und wenn die Schweizer einfach machen, was sie wollen, dann muss das auch zwangsläufig in die Katastrophe führen.

Solange der Weg einigermaßen begehbar ist und nicht alles von rechts und links zugewachsen mit Gebüsch, also überwachsen, dann geht es ja noch. Aber wehe, wenn der Weg so wird wie beim Abstieg nach Arasluokta: Felsen, Platten, Klippen, rutschig, matschig, glatt, schlammig, Weidengebüsche von allen Seiten, Zweige, Äste von allen Seiten, Sturzbäche, alles verkrautet und immer wieder Sumpf und Felsen und alles steil nach unten und die schweren Rucksäcke auf dem Rücken. Und dann hast du ja noch die zwei Nordic-Walking-Hightechstecken in den Händen, eher Handycap als Hilfe, und festhalten kannst du dich auch nirgends.

Jedenfalls: Hier muss es passiert sein, hier und nirgends anders, denn als wir endlich unten sind – wir sind Gott sei Dank heil unten angekommen und noch bis zu den Hütten hinübermarschiert und alle anderen Lapplandwanderer sind schon vor uns da und stehen nebeneinander aufgereiht am Flussufer und schauen angestrengt auf die andere Seite – da ruft Uta auf einmal laut: »Wu ischn die blau Flasch?!«

Marion, die wir unterwegs kennengelernt haben, ist auch schon wieder da, legt den Finger auf den Mund und sagt:

»Pssst! An Elk!«

Uta dann im Bühnenflüsterton: »Wu ischn die blau Flasch? Du hasch die blau Flasch verlore!«

Ich greife hinter mich, die Gumminetzseitentasche ist leer. Nur die Giftgrüne ist noch da. Die Kobaltblaue ist weg.

»Du hasch die blau Flasch verlore!«

Jetzt die Schuldgefühle: Utas sündhaft teure Schweizer Hightechflasche! Ich murmle noch was vom Schraubverschlussbügeldesigner, sehr leise wegen dem Elch, und von dem zu breiten Bügel und dass die Schweizer sich nicht an die EU-Norm halten, aber schon wieder dreht sich die Marion um und macht:

»Psst, Psst, Psst, an Elk!«

Ich könnte mich jetzt wie die anderen dem Elch zuwenden, wenn das mit der Kobaltblauen nicht wäre. Es ist eine Elchkuh mit Kalb und die Verschlüsse der Kameras klicken.

Ich schaue aber nicht nach der Elchkuh und dem Kalb, sondern nach der Kobaltblauen, suche das letzte Wegstück ab, suche um die Hütten herum, suche beim Wegweiser, suche da, wo wir die Rucksäcke abgestellt hatten: Nichts.

Uta sucht auch mit, Elch hin, Elch her, es geht jetzt um die Flasche.

Nichts.

Den Haxenbrecherpfad gehe ich aber nicht mehr zurück.

Uta auch nicht.

Zu riskant.

Wir müssen ab morgen mit der Giftgrünen auskommen.

Die Kobaltblaue geben wir schweren Herzens auf.

Am Abend, todmüde von der anstrengenden Wanderung, muss ich vor dem Einschlafen immer wieder an die kobaltblaue Flasche denken und dass ich sie verloren habe, an ihr heftiges Blau muss ich denken und dass ich sie nicht habe einklinken können und dass ich aber auf dem ganzen Wegstück nichts gehört habe, etwa ein Herunterfallen und Aufschlagen auf einem Felsen und dass sie vielleicht gar nicht heruntergefallen ist, sondern mit ihrem breiten Bügel an einer Krüppelweide hängt und weiter kobaltblau vor sich hin leuchtet in Lappland und dass sie niemand mitnehmen wird, weil sich alle Wanderer vor jedem zusätzlichen Gramm drücken und dass sie vielleicht noch im nächsten Jahr in Arasluokta an einer Krüppelweide hängt, wenn wir wieder diesen Weg gehen und dort am schönsten Zeltplatz der Welt zelten, und dass ich dann vorsichtshalber einen größeren Karabinerhaken mitnehmen werde und dann bin ich doch irgendwie eingeschlafen und habe tatsächlich von einem Elch geträumt, der an seinem Geweih eine kobaltblaue Flasche hängen hatte und ich habe genau gesehen, dass es unsere war.

Das Grausen

Ich bin mir sicher, dass es Wissenschaftler gibt, denen es völlig klar ist, was beim Menschen das Grausen auslöst.

Gerüche können es sein oder haptische Eindrücke über die Finger oder über die Haut ganz allgemein, aber natürlich können es auch optische Eindrücke sein, die es auslösen.

Ganz plötzlich auslösen und unausweichlich, sodass dieses Kältegefühl entsteht am Rücken herunter, dass sich die Kopfhaare senkrecht stellen, dass eine Gänsehaut entsteht wie aus dem Nichts oder dass der Magen versucht, sich seines Inhaltes zu entledigen.

Dieses Grausen ist aber auf gar keinen Fall zu verwechseln mit einem Wonneschauer oder wenn es einem kalt den Rücken hinunter läuft, beim Eingangschor der Matthäus-Passion etwa oder sagen wir beim Brahms-Requiem. Damit darf es nicht verwechselt werden, denn das Grausen, das ich hier meine, das ist, wenn der Magen das Signal gibt: Alles hinaus zur Speiseröhre, alles rückwärts und sofort.

Also: plötzliches Grausen mit Erbrechen. Keine angenehme Sache.

Es könnte schon sein, also ich halte es durchaus für möglich, dass es frühere Generationen bei anderen Sachen gegraust hat als uns heutige Menschen aus der Knopfdruck-Zivilisation. Und weil sich die Zeit verändert hat, schön langsam und irgendwie unmerklich, aber doch in der Summe sehr deutlich, ist auch der Mensch schön langsam und irgendwie unmerklich, aber doch in der Summe sehr deutlich dem entwachsen, wobei es ihm vor hundert Jahren überhaupt nicht gegraust hätte, wovor es ihn heute aber total graust.

Oder sagen wir so: Wenn ich jetzt schlagartig zurückversetzt würde in die Jugendzeit meiner Großeltern, dann würde es mich vor vielem grausen.

Sagen wir: Küche. Was konnte da nicht alles unhygienisch sein?! Sagen wir: Körperhygiene. Waschschüssel! Duschen hat es noch gar nicht gegeben.

Sagen wir: Badewanne. Das war ein Holzzuber am Samstagabend in der Küche, nahe beim Herd wegen des warmen Wassers.
Sagen wir: Kühlschrank. Hat kein Mensch gehabt. Nicht einmal der Fleischer. Gerüche der Vergänglichkeit in Küche und Vorratskammer.
Sagen wir: Müllentsorgung.
Also Sachen genug, bei denen es einem Heutigen grausen könnte. Nein, in dieser Jugendzeit meiner Großeltern, da möchte man wirklich nicht leben.

Aber dann bin ich ganz plötzlich zurückversetzt worden in diese ferne Zeit und zwar in Lappland. Dort ist der zivilisatorische Standard in den Wanderhütten gleich Null mit heutigen Maßstäben gemessen und schlagartig war ich da, wo meine Großeltern als Kinder waren und ich muss sagen: Es hat mich gegraust.
Aber dann habe ich mir gesagt: Sie haben es doch allesamt ausgehalten irgendwie, nicht nur die Großeltern, sondern einfach alle Menschen haben es ausgehalten, von Bach bis Wagner, von Cäsar bis Napoleon, von Plato bis Nietzsche, von Kaiser Rotbart bis Kaiser Wilhelm, von Jesus bis Benedikt und so weiter wie du willst, und wenn sie es alle ausgehalten haben, dann werde ich es schon auch aushalten irgendwie.
Aushalten, möglichst ohne Grausen und den Rückwärtsgang im Magen, mögen sich die Zeiten auch noch so sehr verändert haben. Denn sie alle sind ja draufgesessen auf dem Plumpsklo und da hätten sie viel zu tun gehabt mit einem täglichen Grausen. Sie sind einfach draufgesessen und es hat sie nicht gegraust.
In Lappland, wo es mich so gegraust hat mitunter, in dieser menschenleeren Gegend, wo die Extremwanderer über die schmalen Wanderwege tapsen, weit hinterm Polarkreis, da gibt es schon hin und wieder solche Notunterkünfte entlang der Hauptwanderwege in Gestalt einer kleinen Bretterhütte, aber natürlich ohne jeden Komfort wie fließendes Wasser oder elektrisches Licht oder gar WC, und es sind auch keine Hüttenwirte vorhanden, wie man sie von den Alpenvereinshütten kennt, und kaufen kannst du meistens auch nichts, weil es einfach nur eine Bretterhütte ist, für den Fall, dass es tagelang regnen sollte. Und in

diesen Notunterkünften, da ist das Plumpsklo noch der absolute Standard, wie es zu Zeiten meiner Großeltern war, ja sogar zu Zeiten meiner Eltern in deren Jugend.

Und irgendwann ist es dann so weit: Du musst den Deckel hochheben und zur Seite legen. Es ist schon klar, dass sie dort in diesen unwegsamen Gegenden, wo es keine Straßen gibt, nicht genügend Chlorkalk haben, oder sagen wir, dass sie gar keinen Chlorkalk haben und auch sonst nichts dergleichen, sodass diese lappländischen Plumpsklos ideale Biotope sind für die dicken, schwarzen und höchst unappetitlichen Fliegen, die man hier bei uns Brummer nennt.
Oder Schmeißfliegen.
Oder Schlammfliegen.
Und weil diese lappländischen Plumpsklos nur hin und wieder benutzt werden und weil niemand dort mit Gift arbeitet, also sozusagen alles bio, die Klos, haben die dicken schwarzen Brummer Zeit genug für ihre Metamorphose und warten geduldig und massenhaft auf den Augenblick, wo der Deckel hochgehoben wird.
Ihr Startfenster sozusagen.
Das öffnet sich, wenn du den Klodeckel hochhebst, denn jetzt wird es hell dort unten und sofort fliegt alles, was schon Brummer ist, hinauf ins Licht und da ist es gut, wenn du die Tür vorerst offen gelassen hast, bis der Massenstart vorbei ist und alle Brummer an dir vorbei ins Freie geflogen sind.
Aber wenn du dich dann niedersetzt, haben es natürlich einige von den Brummern verpennt und wollen nun auch noch hinaus ins Freie und genau dann kann es dich überkommen, das Grausen.
Bestimmt gibt es Wissenschaftler, die genau erklären können, weshalb es dich gerade jetzt so graust, wo du doch nicht einmal hineingeschaut hast in den Abgrund, aus dem die Brummer kommen und wo jetzt noch all die Larven herummoddern, bis auch sie endlich zu Brummern geworden sind.
Denn alles darfst du, aber hineinschauen in das Plumpsklo darfst du nicht, es sei denn, du willst es einmal richtig spüren, das Grausen.

Und so will ich zum Anfang meiner Geschichte zurückkehren und eine Episode erzählen, die haarscharf beweist, dass es meine Großeltern vor ganz anderen Sachen gegraust hat, als zum Beispiel mich und meine Geschwister.

Es war nämlich am 20. Oktober 1956. Da ging es hoch her im Hause des Steinmetzmeisters Haldenbrand in Eberbach, denn an diesem Tag war die Hochzeit meines großen Bruders mit der Tochter des Hauses. Da wurde alles aufgeboten, was Küche und Keller hergaben, und es war ein richtig großes Fest. Natürlich waren auch meine Großeltern zugegen, wie es sich gehört, und ich will aber gleich sagen, dass mein Großvater Wilhelm Benecke nicht etwa ein Alkoholiker war, wie man aus der Geschichte folgern könnte, sondern das Gegenteil davon. Er war völlig ungeübt in Sachen Alkoholkonsum, und von der Großmutter wurde er ja auch streng gehalten in dieser Hinsicht.

Mein Großvater war die absolute Respektsperson in der Familie. Neben der Großmutter natürlich. Etwas ganz Besonderes war eigentlich nicht an ihm, außer vielleicht, dass er überhaupt keine Zähne mehr hatte, weil sie ihm nach Kriegsende in seiner Zeit als Zwangsarbeiter bei den Tschechen ausgeschlagen worden waren. In Eberbach hatte er sich den damals üblichen Standard-Zahnersatz besorgt, ein Gebiss. Dies war ein Kunstwerk für sich und wir Kinder bewunderten es oft genug, wenn es am Abend in einem Glas Wasser lag, um sich über Nacht mit Hilfe von Kukident zu erholen. Mit heutigen Zahnprothesen war das natürlich nicht zu vergleichen, aber erfindungsreich waren sie auch damals schon, die Zahnärzte. Zum Beispiel befand sich am Oberteil des Gebisses in der Mitte eine Art Gummisaugnapf, mit dem sich das Gebissoberteil am Gaumen festsaugte. Das Unterteil hatte diesen Saugnapf nicht. Es wurde mehr mit Hilfe der Erdanziehungskraft festgehalten. Unter ganz ungünstigen Umständen konnte sich das Oberteil sogar vom Gaumen lösen und dann musste es der Großvater wieder mit dem Daumen festdrücken.

Nun begab es sich bei diesem Hochzeitsfest, dass der an sich schweigsame und wortkarge Großvater dank des ungewohnten Alkohols derart in Stimmung gekommen war, dass er eine Festrede hielt. Wir alle waren stumm vor Schreck, denn das hätten wir von ihm nie erwartet. Er sprach laut und ausdrucksvoll, aber niemand verstand ihn, weil er die Rede in seinem Rausch in Tangermünder Platt hielt und das verstanden nur die Großmutter und meine Mutter und die machten ziemlich betretene Gesichter.

Am Ende seiner überraschend kurzen Rede wurde ihm plötzlich schlecht und er verließ, gestützt von der Großmutter, eilig den Festraum. Dass die beiden nicht wiederkamen, ging in den allgemeinen Feierlichkeiten unter.

Später stellte sich heraus, dass die Großmutter den armen Großvater im Haldenbrand'schen Handwagen den weiten Weg zu uns nach Hause gefahren hatte. Quer durch die ganze Stadt. Autos gab es damals noch nicht.

Noch später stellte sich heraus, dass Großvaters Gebiss verschwunden war, und zwar komplett, also Oberteil und Unterteil. Die Großmutter hatte einen Verdacht und ging am Tag nach der Hochzeit zum Haus der Familie Haldenbrand zurück.

Was mag sie gesagt haben, als sie darum bat, doch einmal im Plumpsklo nach Großvaters Gebiss schauen zu dürfen? Ja, Oberteil und Unterteil! Beide! Wie mag sie das formuliert haben?

Mit Hilfe einer Hacke wurden dann tatsächlich beide Gebissteile geborgen, die dem armen Großvater aus dem Mund gefallen waren, als er sich im Plumpsklo übergeben musste.

Die Großmutter wusch die Zahnprothesen ab und der Großvater war wieder komplett. Gegraust hat es weder die Großmutter noch ihn, aber wir Kinder, wenn wir diese rosa Teile mit den gelblichen Zähnen abends in dem Wasserglas liegen sahen, haben immer wieder daran denken müssen, wo sie schon einmal gelegen hatten.

Und dann hat es uns gegruselt. Richtig gegraust kann man sagen. Gegraust wie letzten Sommer in Lappland.

Wanderung 3

Von Abisko
nach Vakkotavare

Die Haftreibung und die Gleitreibung

Das weiß man ja noch aus der Schule, also aus dem Physikunterricht, dass es zweierlei Reibung gibt, nämlich die Haftreibung und die Gleitreibung und dass die sehr verschieden sind, also dass die Haftreibung groß ist und die Gleitreibung klein. Das kannst du dir so vorstellen, dass sich ein Auto bei trockener Straße gut lenken lässt, weil die Haftreibung der vier Reifen auf der Straße groß ist, dass aber bei Glatteis die Haftreibung in die Gleitreibung übergehen kann und dann richten deine vier Reifen nichts mehr aus in Sachen Auf-der-Straße-Bleiben oder in Sachen Bremsen.

Überhaupt ist es ja ein Glück, dass der Herrgott die Reibung als solche erfunden hat, egal an welchem Schöpfungstag, denn ein Geistesblitz war es schon oder ein göttlicher Gedanke, denn ohne diese Erfindung kämen alle seine Landlebewesen überhaupt nicht vom Fleck. Nur die Vögel und die Fische kämen noch voran, aber bei den Landlebewesen wäre der völlige Stillstand das Schicksal, die Null-Mobilität. Tiere und Menschen samt ihren Erfindungen Auto und Eisenbahn: alles Null. Und deshalb sollte man jeden Tag mit Dankbarkeit an den lieben Gott denken und dass er die Reibung erfunden hat, sozusagen als eine Zusatzerfindung zu seinen Landlebewesen. Oder eine Nachfolgeerfindung, wie sie so oft nötig werden, man denke nur an die Erfindung der Windschutzscheibe, also der Frontscheibe im Auto. Sie hat die Erfindung des Scheibenwischers nach sich gezogen und diese wiederum die Intervallwischung, die Langsam- oder Schnellwischung und die Scheibenwaschanlage, welche ihrerseits den Frostschutzzusatz und die Scheibenwaschflüssigkeitspumpe samt Bedarfsschalter mit Endschaltung und Spritzdüsen nach sich gezogen hat.
Bei seinen Landlebewesen hat aber der Herrgott nicht so einen ganzen Rattenschwanz von Nachfolgeerfindungen gebraucht, sondern nur die Reibung. Und das ist eben göttlich.
Dass der Mensch danach diese Reibung in physikalische Untergrößen aufgeteilt hat, also Haft-, Gleit-, und Rollreibung, ist eine

andere Sache und hat mit der Struktur des menschlichen Gehirns zu tun.

Aber jeder weiß: Wenn ein schwerer Schrank erst einmal ins Rutschen kommt, dann brauchst du viel weniger Kraft als zu dem Zeitpunkt, wo du ihn ins Rutschen bringen willst. Bei jedem Möbelrücken kannst du das deutlich erleben.

Jetzt ist es also vorgekommen, dass es angefangen hat zu regnen und wir waren schon fünf Stunden über Stock und Stein dahingestolpert in Lappland auf dem Kungsleden und es war angeraten, unser Wanderzelt aufzustellen und zwar schnell, damit nicht alles nass würde, was wir dabei hatten, samt uns selbst. Aber in der Eile und unter dem Druck des einsetzenden Regens ist es dann so gekommen, dass der Zeltplatz auf dem Heidekrautuntergrund etwas abschüssig war, also von der rechten oberen Ecke des Zeltes zur linken unteren Ecke. Nicht steil abschüssig aber immerhin doch ziemlich. Und nun musst du wissen, dass die modernen Zelte einen integrierten Zeltboden haben und der ist aus einem perfekt glatten Kunststoffmaterial. Damit sich eben kein Schmutz ansetzen kann auf dem Zeltboden, das versteht man schon. Auf den Zeltboden legst du dann die aufblasbaren Extradünnluftmatratzen, fingerdick höchstens im aufgeblasenen Zustand. Die sind ebenfalls aus dem extrem glatten Plastikmaterial.

Auf dieser Liegematte liegst du dann in deinem Schlafsack und auch dieser hat als Außenhaut die sehr leichte und sehr glatte Kunststoffbeschichtung, also innen drin schon Daunen oder Kunststoffdaunen, aber alles in der glatten Kunststoffaußenhülle.

Solange du nun ruhig, also völlig bewegungslos in deinem Schlafsack verharrst, geht ja noch alles gut, weil die Haftreibung wirkt. Aber bei der kleinsten Bewegung geht die schöne Haftreibung in die Gleitreibung über, das heißt, du bewegst dich mit Liegematte und Schlafsack auf die linke untere Zeltecke zu und mit dir das gesamte Inventar des Zeltes: Tageskleider, Anoraks, Reservekleidersäckle, Essensäckle, Rucksäcke, das alles bewegt sich auf die linke untere Zeltecke zu – einschließlich der Reisegefährtin auf ihrer Liegematte und in ihrem Schlafsack. Und so ist nach kurzer Zeit der Zeltboden ganz frei außer der linken unteren Ecke, wo sich alles angesammelt hat, einschließlich der Reisegefährtin und mir selbst in Seitenlage und mit angezogenen Armen und Beinen, also in Hockerstellung liegend.

Das wird dann doch zu eng nach einer Weile und führt zum Aufwachen und zum Hinaufruckeln aus der linken unteren Zeltecke in die rechte obere, wo alles so schön leer ist. Dort ist aber kein Halten und wie ich es beschrieben habe, geht es schon wieder, kaum dass du eingeschlafen bist, nach links unten.

»Jetzt bin ich bestimmt schon 15 Mal nach oben gekrabbelt«, sagt Uta, und sie sagt es nicht freundlich. Denn in dem Knäuel aus Rucksäcken und Zeltinventar, ich eingeschlossen, ist es nicht nur ungemütlich, sondern man kann keine gute Schlafposition finden, und weil wir beide bei dem dauernden Hinaufkrabbeln immer wieder wach sind, frage ich: »Soll ich dir mal den Unterschied erklären zwischen Haftreibung und Gleitreibung?«

»Jetzt nicht«, sagt sie. »Ich bin bestimmt schon 25 Mal in die rechte Ecke hinaufgekrabbelt und ich komme mir vor wie in einem Hamsterrad.«

Ich sage: »In einem Hamsterrad, das ist aber die Rollreibung und das ist wieder ganz etwas anderes.« Aber dann ist sie schon wieder den Zeltboden hinaufgekrabbelt und ich höre noch ein vorwurfsvolles Murren aus Worten wie Haftreibung und Gleitreibung und Hamsterrad und was das wieder für ein Unsinn ist, aber dann bin ich auch selbst wieder den Zeltboden hinaufgerobbt und wie ich noch darüber nachdenke, mit welchem Beispiel ich vielleicht doch noch ihr Interesse an der Haftreibung und der Gleitreibung erwecken könnte, höre ich schon wieder ein leises friedliches Schnarchen aus der linken unteren Zeltecke.

Das nächste Mal müssen wir unbedingt einen ebenen Zeltplatz finden, habe ich noch gedacht, dann bin ich eingeschlafen und kurz darauf wieder in der linken unteren Zeltecke aufgewacht. In Hockerstellung und mit angewinkelten Armen und Beinen.

Hausaufsatz:
Mein schönster Wandertag

Gliederung:
A) Einleitung:
   Gedanken über Anzahl und Namen der Beinmuskeln
B) Hauptteil:
   Einige Schwierigkeiten beim Wandern in Lappland
C) Schluss:
   Zusammenfassung und Ausblick

A) Es glaubt kein Mensch – ein Mediziner mit Physikum vielleicht ausgenommen –, wie viele Muskeln ein ganz gewöhnlicher Mensch an seinen Beinen hat. Und am Abend des ersten Wandertages von Abisko nach Abiskojaure, und als wir endlich knapp vor dem einsetzenden Regen das Zelt stehen haben, und als ich endlich die dünnen Luftmatratzen aufgeblasen habe, und als ich endlich in den Schlafsack gekrochen war, und mich ausgestreckt habe und als dann der Regen aufs Zelt geplattert ist, da habe ich gemerkt, dass ich viele Muskeln an den Beinen haben muss, denn es hat mir an unzähligen Stellen weh getan. Nicht wie bei einem Muskelkater, wo du nicht mehr auftreten kannst vor stechenden Schmerzen, sondern fast schon wohltätige Schmerzen, als wären alle Muskeln und ein jeder für sich dankbar für die ausgestreckte Rückenlage ohne jedes Stapfen über felsige Blockfelder, morastige Wegstücke und glitschige Holzplanken immer mit dem schweren Rucksack auf dem Rücken.
Ich sage zu Uta: »Schau doch mal auf deinem Smartphone nach, wie die einzelnen Muskeln an den Beinen heißen, damit ich nochmal an jeden einzelnen denken kann vor dem Einschlafen und ich das Gefühl habe, es wird morgen bestimmt leichter mit dem Wandern.« Aber da ist sie schon eingeschlafen und es fällt mir ein, dass sie doch sowieso keinen Empfang hätte und es fällt mir ein, dass sie deswegen ihr Smartphone sowieso nicht mitgenommen hat und es fällt mir auf, dass ich mich schon ganz daran gewöhnt

habe, bei jeder fehlenden Information, also bei jeder Wissenslücke, mich an die digitale Allwissenheit von Uta zu wenden.

Jetzt werden also die Beinmuskeln nicht einzeln benannt werden können und ich muss mich bis nach Hause gedulden, wo ich im anatomischen Atlas nachschauen kann. Dann bin ich eingeschlafen trotz der überstrapazierten Beinmuskeln und weil der Regen so schön aufs Zelt geplattet ist, und im Traum habe ich tatsächlich den anatomischen Atlas aufgeschlagen, aber die Schrift konnte ich leider nicht lesen.

Am nächsten Morgen waren die Schmerzen verschwunden und der Regen hatte aufgehört. Dann aber: Kaffeewasser kochen, Müsli anrühren, Tee machen, Geschirr abwaschen, Zelt einpacken, Rucksäcke packen, alles wieder richtig sortiert verstauen und weiter gehts.

Mit Hilfe der Beinmuskeln.

B) An diesem zweiten Wandertag bin ich dann in den Blockfeldern zweimal mit dem rechten Fuß umgeknickt wegen Unachtsamkeit, wegen Glitschigkeit, wegen Trittunsicherheit, wegen Ermüdung der Muskeln, der Sehnen, der Bänder, aber zum Glück nur so umgeknickt, dass ich nach einer Schrecksekunde habe weitergehen können. Welche Bänder können es denn sein, die ich überdehnt habe? Wie verlaufen sie, wie heißen sie, wo setzen sie an, was ist zu tun, wenn das Gelenk anschwillt? Ist dann das Weitergehen ratsam? Sollen wir dann das Zelt aufschlagen und ein paar Tage warten? Kalte Wickel um das Gelenk machen?

Aber bei diesen Überlegungen bin ich schon weitergegangen und das Gelenk hat sich nach 50 Schritten einigermaßen normalisiert, so ziemlich wenigstens bis auf einen leisen Schmerz im Außenknöchelbereich.

Abends dann, in der besagten ausgetreckten Rückenlage hat sich das Gelenk wieder gemeldet. Was kann da passiert sein? Sind es die Gelenkflächen, die wehtun? Oberes oder unteres Sprunggelenk? Sind die Bänder überdehnt und wie ist die Therapie? Sollten wir auf der nächsten Hütte nach einem Orthopäden fragen? Und was wird er raten? Die Wanderung abbrechen? Und dann? Hubschrauber?

Am nächsten Morgen sind die Schmerzen im Fußgelenk verschwunden. Ich schnüre die Wanderschuhe diesmal besonders sorgfältig, damit der Fuß ohne Spiel im Schuh feststeckt. Vielleicht war ja auch der schwere Rucksack nicht dicht genug an den Körper herangeschnallt worden, was Uta immer wieder bemängelt, und das hat zu Koordinationsproblemen geführt. Also: Den Hüftgurt besonders fest anziehen und ebenso den Brustgurt. Aber es zeigt sich, dass meine Anatomie leider keine richtigen Hüften aufweist, hingegen einen erheblichen Wohlstandsbauch. Wenn nun aber der Hüftgurt mangels erkennbarer Hüften unterhalb des Bauchs durchläuft, dann kommen die Hüftgurtlappen vom Rucksack genau auf die Rollhügel zu liegen, sodass ich praktisch die Gelenkköpfe des Hüftgelenks mit dem Gurt in die Gelenkpfannen hineindrücke. Das geht nicht lange gut, aber der im Gelenk entstandene Schmerz hält lange an, obwohl ich doch die Gurte wieder gelockert habe.

Am Abend dann im Zelt in der besagten ausgestreckten Rückenlage, denke ich darüber nach, was nun im Hüftgelenk Schaden genommen haben könnte, aber wer kennt schon das Hüftgelenk im Detail, wenn er noch nie Schwierigkeiten damit hatte. Und wie ich noch sinniere über diese Austausch-Hüftgelenke aus Stahl oder Keramik bin ich eingeschlafen, obwohl ich wegen der Schmerzen nicht auf der Seite liegen konnte.

Es ist aber spätestens jetzt zu erwähnen, dass der Schöpfer am 6. Schöpfungstag bei der Erschaffung des Menschen auch den Selbstheilungseffekt eingebaut hat, denn über Nacht waren die Schmerzen in den Hüftgelenken verschwunden.

Nun hängt jedoch nach dem Ausfall des Hüftgurts, oder sagen wir nach dem Verzicht auf denselben wegen der erwähnten anatomischen Probleme alles am Schultergürtel, und folgerichtig haben mir dann am Abend die Schlüsselbeine, die Schulterblätter, die Nackenmuskeln und die Schultergelenke, also der ganze Schulterbereich, richtig weh getan. Ich hätte zwar auf der Seite liegen können, wegen der inzwischen wieder schmerzfreien Hüften, aber dafür hatte ich solche Probleme mit den Schultern, dass ich wieder auf dem Rücken liegend schlafen musste.

Dann der Tag zum Tjäktja Pass mit den brüchigen, riesigen Schneefeldern, die zu überqueren waren, mit den Klippenfeldern, den Morastfeldern, den zu durchwatenden Wildwassern, den glitschigen Planken, und nachdem der Wanderweg alle Register gezogen hatte, haben mir am Abend die Beinmuskeln, die Fußgelenke, die Hüftgelenke, die Schultergelenke samt den Schulterblättern und Nackenmuskeln aber auch die Rumpfmuskeln so weh getan, als ob alle Schmerzen sich ihrerseits erholt hätten und wieder auferstanden wären und ich habe zu Uta gesagt: »Ich brauche einen Ruhetag!

Wir müssen einen guten Zeltplatz suchen oder noch besser wäre ein weiches Bett in einer Hütte. Einen Tag lang keinen Rucksack tragen und nur in Socken oder barfuß durch die Hütte schlurfen! Das könnte mir helfen.«

Also da habe ich wirklich Zweifel gehabt an meiner physischen Verfassung, weil ich einem solchen Wanderweg offensichtlich nicht gewachsen war. Wo doch all die anderen Wanderer so leicht und fröhlich an uns vorbeimarschiert, vorbeigeeilt, vorbeigetänzelt sind. »Schau nur, wie die traben und wie wir nur so dahinkrauchen«, habe ich noch gesagt.

Dann aber, am Abend dieses schmerzensreichen Wandertages haben wir tatsächlich einen Schlafplatz in der Hütte vor dem Tjäktja Pass gefunden, zwar in der Küche auf dem Fußboden mit Matratzen, aber trocken und in Sicherheit vor dem Sturm, der in dieser Nacht einige Zelte weggeblasen hat.

In der Hütte sind alle barfüßig herumgesessen und herumgegangen und da habe ich gesehen – mit Schrecken, aber auch mit Verwunderung und mit einem gewissen Gefühl der Erleichterung –, dass viele von den jugendlichen Wanderern, wenn nicht gar alle, an den Zehen, den Ballen, den Fersen, den Innenknöcheln, den Außenknöcheln, an den Waden, den Schienbeinen, also überall haben die Tapes gehabt, Tapes in allen Breiten, Längen, Farben, vorsorglich abgesicherte Gelenke, Bänder, Sehnen, Muskeln. Und dann habe ich gesehen, wie auch ganz junge Schwedinnen und Schweden sich im Tagesraum rücklings auf den Boden gelegt und ihre getapeten Beine senkrecht an der Wand hochgelegt haben und wie sie ihre getapeten Nacken und Schultern mit Dehn- und

Streckübungen wieder gangbar zu machen versuchten. Außerdem haben sie ihre Wundersalben und Wundercremes aufgetragen und einmassiert und haben sich Brausetabletten in Wasser aufgelöst, große weiße Brausetabletten.

»Siehst du, Uta, die haben Vitamintabletten dabei«, habe ich gesagt, denn vielleicht war doch auch der Vitaminmangel an meinen Beschwerden schuld.

»Habt ihr denn *auch* Schmerzen in den Gelenken und in den Muskeln?«, habe ich gefragt und »Oh, yes, we do«, war die Antwort.

»Aber wie wollt ihr denn dann weiterwandern mit lauter Schmerzen?«

»Oh, look here, we have Aspirin with us!«

Das also waren ihre Brausetabletten!

»Uta«, sage ich, »hast du Aspirin dabei?«

»Natürlich«, sagt sie.

»Dann gib mir mal eine, sonst ist an ein Weiterwandern nicht zu denken. Mir tut einfach alles weh!«

Ach, was war das für eine schöne schmerzfreie Nacht!

C) Am nächsten Morgen, als die vielen getapeten und mit Aspirin versorgten Wanderer die Hütte verlassen hatten und zur nächsten Hütte fortgeeilt waren, haben wir den Tagesraum ganz für uns allein gehabt und ich habe zu Uta gesagt: »Gib mir bitte noch ein Aspirin und dann gehe ich wieder ins Bett.«

Das war mein schönster Wandertag.

74%

Abisko – Tourist Zentrum steht auf dem Schild.
Die Bahn hat hier eine eigene Haltestelle für die Wanderer einge-
richtet und es steigen auch fast alle aus, die in dem Nachtzug von
Stockholm mitgefahren sind, denn hier beginnt der legendäre
Kungsleden, der Königswanderweg und das ist der wichtigste
Wanderweg durch Lappland in Nord-Süd-Richtung.
Ich gehe in die Fjällstation und kaufe vier Postkarten, schreibe
einen letzten Gruß aus der Zivilisation, die wir nachher für zwei
Wochen verlassen werden, also jedenfalls so lange, bis wir die
Straße von Gällivare nach Ritsem erreichen. Dort in der Wan-
derhütte in Vakkotavare, vierzehn Tagesmärsche von hier ent-
fernt, oder an der Bushaltestelle gibt es dann vielleicht wieder
einen Briefkasten. Oder ein Handynetz.

Ich gebe zu und ich weiß es ja auch, dass es altmodisch ist, das
mit dem Postkartenschreiben und hier in der Fjällstation sehe
ich es auch in aller Deutlichkeit. Denn von den vielen Menschen,
die sich hier aufhalten, schreibt keiner eine Postkarte, aber aus-
nahmslos und wie besessen tippen sie alle auf ihren Smartphones
und senden offenbar vorläufige letzte Grüße in alle Welt. Denn
Abisko ist auch für die Handygeneration die letzte Möglichkeit,
ihr Gerät zu benutzen, weil es hier oben in Lappland abseits der
Bahnlinie kein Handynetz gibt.

Den Kungsleden wollen wir gehen, um wieder einmal aus allem
herauszukommen, was uns zu Hause so in Atem hält: keine Ter-
mine, keine Verpflichtungen, keine Einladungen, keine Konzerte,
keine Gefälligkeiten, keine Telefonate, keine Computerhockerei,
keine Geburtstage, keine Gasthausbesuche, nichts. Und dazu gehört auch, dass es zwei Wochen lang oder noch länger keinen Alkohol gibt, denn Wein wird in Schweden nur in Gastwirtschaften
verkauft, das schwedische Dünnbier mit 3,5 % Alkohol schmeckt
nicht und wenn du dir für teures Geld drei Dosen gekauft hast
und hast sie ausgetrunken, dann spürst du nichts außer vielleicht

einem Harndrang, und die harten Alkoholika gibt es sowieso nur in speziellen Läden, den Systembolaget, innerhalb der Städte. Es soll eine richtig alkoholfreie Zeit werden unsere Lapplandwanderung. Eine Entsagung. Das ist sogar einer der Gründe für unsere Wanderung abseits der alkoholgetränkten Zivilisation.

Aus dem Fenster der Fjällstation sehe ich Uta. Sie hat ihre Nachrichten schon in die Atmosphäre geschickt und steht nun an einem Tisch bei zwei jungen Frauen, die eine Landkarte ausgebreitet haben. Ich denke, sie lässt sich von Ortskundigen über den Kungsleden unterrichten, aber als ich zu der Gruppe stoße, ist *sie* es, die die beiden Frauen über den Kungsleden informiert. Uta hat auch schon herausgebracht – und zwar auf eine mir unerklärliche Weise –, dass die beiden Frauen eine große Flasche Jamaika-Rum dabeihaben mit 74 % Alkoholgehalt, dass sie aus Hannover sind und Andrea und Alexandra heißen. Den Rum nehmen sie als Geschmacksverstärkung in den abendlichen Tee und, »wenn ihr wollt, könnt ihr auch davon haben«, sagen sie. Bei ähnlicher Marschleistung trifft man sich sowieso immer wieder einmal oder man zeltet auf benachbarten Plätzen. Also, da könnte man sich abends schon treffen und bei einer Tasse Tee über den Tag berichten.

Weil aber nun die beiden Hannoveranerinnen schon beim ersten Gespräch mit Uta in Aussicht gestellt hatten, auch *unseren* Tee mit einem Schuss aus ihrer Flasche mit dem 74 %igen aufzubessern, hat uns der Gedanke an den abendlichen Schluck wie durch ein unsichtbares Band mit den beiden verknüpft.

Am ersten Abend in Abiskojaure haben die beiden direkt neben dem Klohäuschen ihr Zelt aufgeschlagen, wir dagegen, weil wir so lange gebraucht hatten, mussten am hintersten Ende des Zeltplatzes aufbauen. Dann hat es geregnet und richtig müde waren wir auch und da ist es nicht zum abendlichen Tee mit Rum gekommen. Leider hatten wir uns auch die Farbe des Igluzeltes der beiden nicht gemerkt, was sich später noch erschwerend bemerkbar machen sollte. Denn Uta hat bei jedem Igluzelt, an dem wir vorbeigekommen sind, laut und deutlich »Andrea« und »Alex«

gerufen, aber jedes Mal haben andere Leute verwundert aus dem Zelt herausgeschaut. Andrea und Alex waren und blieben verschwunden. Blieben verschwunden samt ihrem 74 %igen und wir hatten uns innerlich schon damit abgefunden, dass sie woandershin abgebogen waren, nur es hatte gar keine Abbiegung gegeben. Außerdem waren sie ja viel jünger als wir und da waren sie uns womöglich schon weit voraus, hatten uns auf unserer Trödeltour irgendwo überholt, oder waren uns auf einem Zeltplatz verloren gegangen, oder sie wollten einfach ihren Rum vor uns retten. Jedenfalls hatten wir sie aus den Augen verloren, aber jeden Abend haben wir an sie gedacht. Mit leiser Wehmut muss man sagen.

»Ich glaube, die sind zum Kebnekaise abgebogen«, sagt Uta, »da gibt es irgendwo so eine Abkürzung nach links über das Fjäll.« Ich sage: »Da liegt doch noch viel zu viel Schnee. Die sind uns anderswie aus den Augen gekommen. Aber ein Rätsel ist es schon, auch wenn sie viel schneller sind als wir. Irgendwo hätten wir ihnen begegnen müssen.«

Dann in Sälka haben wir uns einen Ruhetag gegönnt, weil mir alles wehgetan hat von dem Wandern auf dem miserablen Weg. Inzwischen hatten wir auch die Abbiegung passiert und dort sind ja viele nach Nikkaluokta abgebogen, Richtung Kebnekaise. Nach Vakkotavare weiter wollten nicht mehr viele außer uns. Und dort in Sälka bei unserem Ruhetag haben sie uns wieder eingeholt, die Andrea und die Alex. Sie waren *hinter* uns zurückgeblieben, denn wir waren einfach zu schnell gewesen (!).

Ich sitze also in der Hütte im Tagesraum und da ruft jemand plötzlich laut meinen Namen zur Tür herein und jemand anders ruft laut und deutlich *Uta* und ob du es glaubst oder nicht, es war ein herzliches Wiedersehen, obwohl wir doch noch nicht einmal zusammen einen Tee mit Rum getrunken hatten.

Dann haben sie erzählt, dass sie im Regen und Schnee und Matsch steckengeblieben waren, dass sie in den Schneefeldern eingebrochen sind bis zum Bauch, dass sie ans Umkehren gedacht hatten, dass sie sich Vorwürfe gemacht haben, so leichtfertig einen so schwierigen Weg zu gehen, dass sie aber immer wieder an uns gedacht haben und wie alt wir doch seien und

dass sie sich uns zum Vorbild genommen hätten und nicht auf-
gegeben hätten trotz aller Widrigkeiten und jetzt hätten sie uns
doch tatsächlich wiedergefunden und gleich gebe es einen Tee
mit Rum, aber mit einem kräftigen Schuss.

Ach, da hat die Welt doch gleich wieder viel freundlicher ausgesehen: der Regen war nicht mehr so schlimm, die vier Grad
Celsius vor der Hütte waren nicht mehr so kalt, der Wasserfall
vor dem Fenster hat viel harmloser gerauscht, die Menschen in
der Hütte schienen allesamt auf einmal so freundlich und mit jeder Tasse Tee wurde die Welt sympathischer und der Kungsleden
verlor seine Schrecken.

Dann haben wir uns die Farbe ihres Zeltes gemerkt, beige mit
schwarzen Lüftungsklappen, nicht zu verkennen und hinfort
waren die Abende sehr erfreulich und mit dem 74 %igen haben
wir sie tüchtig verschönt. Nachhaltig kann man sagen.

Am Abend vor dem letzten Wandertag war dann aber auch der
Rum zu Ende. Das war in Keitumjaure, sechzehn Kilometer vor
Vakkotavare. Jetzt sind natürlich sechzehn Kilometer nichts, wenn
du auf dem Westweg gehst oder wenn du den Engadin-Blumen-
wanderweg gehst oder wenn du bei uns zur Eselsburg gehst, aber
auf dem Kungsleden zählt jeder Kilometer mindestens dreifach.

»Wenn ich in Vakkotavare mit heilen Knochen ankomme, dann
gebe ich einen aus«, habe ich gesagt, aber dann hieß es gleich:
»Dort gibt es höchstens Dünnbier und sonst nichts.«

»Dann gebe ich im Zug einen aus, die haben dort im Bordbistro
auch Wein und richtiges Bier und dann feiern wir, dass wir dem
Kungsleden entronnen sind.«

Mein Vorschlag ist dankbar angenommen worden und als wir
dann wirklich zusammen im Bordbistro gesessen sind, haben
wir unsere heilen Knochen ausgiebig gefeiert. Uta hat sogar den
allzu lange vermissten Wein bekommen und es war eine richtig
ausgelassene Stimmung. Bombenstimmung hätte man sogar sagen können.

Dann war es auch noch eine erholsame Nacht im Liegewagen.
Uta hatte die Schaffnerin überredet, uns beiden ein Dreierabteil

zu geben für uns allein und das auch noch zum halben Preis, den es offiziell kostet. Das war schon eine Art Meisterstück. Andrea und Alex waren in der Nacht schon in Umea ausgestiegen, und als wir dann in Gävle umgestiegen sind in aller Herrgottsfrühe, da haben wir schon wieder überlegt, ob wir nicht doch noch die geplante zweite Wanderetappe nach Sulitjelma hätten anhängen sollen, wo wir uns doch schon so gut eingelaufen hatten nach den ersten vierzehn Tagen.

Aber natürlich hätte Uta vorher eine Flasche Jamaika-Rum auftreiben müssen.

Mit 74 %.

's Schwedehüttle

Es ist ja ganz klar, und jeder weiß ein Lied davon zu singen, dass sich vieles um einen herum ansammelt in so einem Menschenleben. Dazu muss der Mensch kein Messi sein, also kein Extremsammler oder Allessammler, denn auch ohne Messinatur hat der Mensch sein Sammler-Gen, und dieses Gen aus der Vorgeschichte ist die Ursache dafür, dass das Inventar immer größer wird im Lauf des Lebens, nahezu unabhängig davon, ob nun der Platz für die Sammelobjekte vorhanden ist oder nicht.

Wen das Glück begünstigt, der sammelt Briefmarken. Wer Pech hat, sammelt Oldtimer oder Maschinen oder andere 3-D-Objekte. Und dass das Sammeln genauso eine Passion sein kann wie das Jagen, das soll hier nochmals deutlich gesagt werden.

Aber jetzt der Unterschied: Jeder bewundert den Jäger, der einen 12-Ender geschossen hat und der seiner Wildschweinsammlung drei weitere hinzugefügt hat bei der letzten Treibjagd. Aber der 12-Ender und die drei Wildschweine sind schnell aufgegessen, doch die gußeiserne Großbandsägemaschine und der fahruntüchtige Cadillac, Baujahr 1950, bleiben dem Sammler erhalten. Und so wird klar, dass Fortuna den Jäger liebt, aber den Sammler nicht, denn auch die glücklich erbeutete Großbandsägemaschine wird mit der Zeit nicht leichter, beginnt sogar auf der Seele zu lasten und nach dem Glücksmoment der Inbesitznahme kommen die bedenklichen Stunden des Habens, und wo der Jäger mit Fotos und Trophäen auftrumpfen kann, erntet der Sammler oft genug stummes Unverständnis.

So wird denn auch verständlich, was seit dem Altertum immer wieder passiert, dass der Sammler, wenn er in seiner Kollektion unterzugehen droht, einen finalen Befreiungsschlag ausführt und zum Eremiten wird:

Raus aus der Kollektion und rein in die Höhle!

Beten statt Sammeln, Schweigen statt Reden, Nachdenken statt Schachern.

Am Abend ein Glöckchen läuten, statt auf einem Steinway-Flügel (günstig als Schnäppchen erworben) aus Bergen von geschenkten Noten spielen, die Bibel als einziges Buch mitgenommen haben anstatt der 3 000 Bände umfassenden Privatbibliothek. Auch keine Katze haben oder gar einen Hund, höchstens einen Goldfisch, stumm, transportabel, pflegeleicht, oder wenn ein Reh einmal vorbeikommt am Abend. Denn irgendwann kommt jeder Sammler an den Punkt, wo er sich sagt: Es ist soweit! Ich brauche ein Refugium. Mein Inventar wird mir gefährlich.

Und so wird in Uta der Wunsch laut nach einem Schwedenhüttle. Ein Minimum muss es sein, eine Reduktion auf das absolut Wesentliche, wo alles Unnötige weit außen vor bleibt. Ein Tisch, zwei Betten, zwei Stühle, zwei Teller, zwei Tassen, zwei Löffel, alles heruntergeschraubt auf das Allernötigste, so wie in Teusajaure, so wie in Keitumjaure, so wie in Vakkotavare, in diesen Wanderhütten am Kungsleden in Lappland. Da sind wir doch *auch* mit dem Minimum ausgekommen und nichts hat uns gefehlt auf unserer Wanderung. Da sind wir zufrieden dahingestapft mit unserem Zelt im Rucksack und wenn wir in den Hütten eingekehrt sind wegen Dauerregens, dann war das immer noch ein Riesenschritt in Richtung Eremit mit minimiertem Haushalt.

Nun müssen wir zu unserer Ehre sagen, dass wir an unserer Immunisierung in Sachen Inventar und Sammeln schon lange und beständig gearbeitet haben und noch arbeiten. So bin ich inzwischen gegen Möbel immun, gegen Textilien, gegen Autos und Motorräder, gegen Porzellan, Schmuck und Silberbestecke und vieles mehr, nur gegen Bücher habe ich es noch nicht geschafft. Die sind mein Hauptproblem als künftiger Eremit.
Aber Bücher hin, Bücher her: Das Refugium muss leer sein. Ein Schwedenhüttle, klein, 5 x 5 Meter Grundfläche höchstens, im Wald, an einem See, aus Brettern, rot gestrichen (Schwedenrot) mit weißen Giebelbrettern und Fensterumrahmungen, so wie sie eben alle sind, von Malmö bis zum Polarkreis und immer in dieser berühmten Farbe zwischen Rot und Braun, aber eher wie Rot wirkend, bei uns fast unbekannt, in Schweden absoluter Standard, so als gebe es keine andere Farbe als Schwedenrot. Die Dächer ebenso immer aus Dachpappe, very common, denn

da brauchst du keine schwere Unterkonstruktion aus Sparren, Pfetten, Windrispen und Latten, weil bei diesen Leichtgewichtdächern ein Unterbau aus schwachen Profilen genügt.

Und nach vielem Nachdenken über Utas Schwedenhüttle haben wir immer wieder alles reduziert bis weggelassen: *Ein* Kochtopf und *ein* Wasserkessel, aber auch eine Pfanne, falls man mal Pilze findet oder falls es (sonntags) mal Pfannkuchen geben sollte. Die Kleider sowieso minimiert, höchstens zwei Garnituren und insgesamt nicht mehr an Inventar, als man bei einer Lapplandwanderung im Rucksack dabei hat.

Auch alles andere wird immer klarer, also außer Wald und Seeufer und fehlender Straßenanbindung (damit niemand im Auto plötzlich vor der Tür stehen kann, sondern lieber eine halbe Stunde Fußmarsch auf einem möglichst schmalen Trampelpfad). Und dann sagen wir uns immer wieder, weil wir ja tagelang Zeit haben darüber nachzudenken, dass es *keine* Spinnerei ist und *keine* Marotte, sondern eine folgerichtige Reaktion auf unsere überbordende Inventargesellschaft, in der wir jahraus, jahrein leben und in der sich auch bei uns so vieles angesammelt hat im Lauf der Jahre, vom Schneckenhaus bis zum Rentiergeweih, von der Blockflöte bis zur Tuba, von der Mundharmonika bis zum Konzertflügel, vom Klapphocker bis zu Polstergarnitur.

Und natürlich fragst du dich manchmal, ob nicht das Jäger-Gen günstiger gewesen wäre, als das Sammler-Gen. Aber das Jäger-Gen hast du eben nicht und nachträglich einbauen lassen geht auch noch nicht. Und ärgerlich ist es schon, wenn dich die Jägermenschen einen Messi nennen, immer wieder, obwohl du doch keiner bist.

Und deshalb: Raus aus dem ganzen unnötigen Inventar, Möbel, Nippes, Brockhaus in 12 Bänden samt Supplementband, Langlaufski und Abfahrtski, Forstnerbohrer und Akkuschrauber, Fernseher und Stereoanlage und hinein ins Refugium im Schwedenhüttle mit nichts drin. In die Inventarlosigkeit hinein, weit weg von der gesammelten Materie, eins werden mit dem See, dem Wald, dem Moos, den Binsen, den Trollblumen, dem

Gesang von Zaunkönig und Ringeltaube, ein Eremit werden, in steter stiller Andacht die Tage verbringen, am Abend das Glöckchen läuten und endlich raus sein aus allem.
Im Schwedenhüttle sein!

Und zum Überbrücken, also bis wir uns an die totale Reduktion gewöhnt haben und damit wir nicht Schaden nehmen an Leib und Seele durch den plötzlichen Entzug, sozusagen zu unserer seelischen Sicherheit, hat Uta ein E-Book angeschafft.
Für alle Fälle.
Und sie hat auch schon das Gesamtwerk von Goethe draufgeladen und das von Schiller auch, dazu »Josef und seine Brüder« und, wenn wir zu Hause sind, kommt als nächstes die Lutherbibel dran. Die will ich dann auch auf meinem noch anzuschaffenden E-Book haben, dazu die Vulgata und den großen Brockhaus, das Grimm'sche Wörterbuch, aber auch Storm, Fontane, Keller, Kleist, C.F. Meyer, Eichendorff und Shakespeare. »Ilias« und »Odyssee« sowieso und selbstverständlich Google, falls mal eine Unklarheit zu beheben wäre. Schopenhauer und Hegel würde ich draufladen, denn die wollte ich schon lange mal wieder lesen. Also, wenn ich es überdenke so beim Wandern in Lappland auf dem Kungsleden, dann hätten wir fast unsere gesamte Bibliothek dabei auf digitale Weise und ohne jedes Gewicht, unerklärlich zusammengeschnurzelt ins Mikroskopische, dazu alles Wissen der vergoogelten Welt. Und das sollte fürs Erste reichen gegen etwaige Entzugserscheinungen.

Was aber auf gar keinen Fall fehlen darf im Schwedenhüttle ist die Musik, denn, Glöckchen hin – Glöckchen her, auch als strenger Eremit kann ich nicht auf die Musik verzichten und dann hätte ich eben »Das Wohltemperierte Klavier« dabei (mit Jenö Jandö), von Beethoven die Klaviersonaten und die Symphonien, die Streichquartette sowieso, von Mozart alles, von Schubert die Klaviersachen, die Kammermusik und die Lieder, dazu Brahms, Bruckner, Wagner und das passt ja alles auf einen USB-Stick in unserer digitalisierten Wunderwelt. Da brauchst du keine CDs mehr, nichts.

Vielleicht ein Solarpaneel, um die digitale Welt funktionsfähig zu halten. Mehr nicht.

Und diese Überlegungen haben so eine Befreiung gebracht, als wir uns das ausgedacht haben auf unserer 14-tägigen Wanderung den Kungsleden hinunter und jetzt brauchen wir nur noch das Schwedenhüttle zu finden und wenn wir erst bei der Tante sind in Båstad und wenn wir erst an ihren Computer können, dann findet Uta bestimmt ganz schnell das passende Schwedenhüttle.

Sie weiß auch schon, wo sie suchen will.

Wenn wir erst bei der Tante sind.

UNSER WANDERGEBIET
LAPPLAND
OSLO
STOCKHOLM
HELSINKI
BÅSTAD

LOFOTEN
NARVIK
ABISKO
VESTFJORD
NORWEGEN
SCHWEDEN
RITSEM
VAKKOTAVARE
BODÖ
SULITJELMA
KVIKKJOKK
GÄLLIVARE
1
2
3

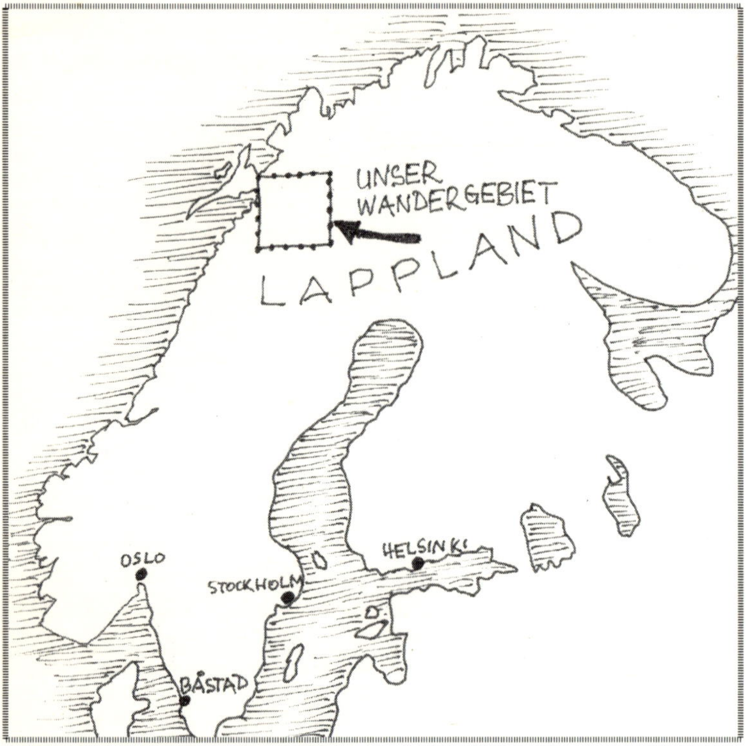

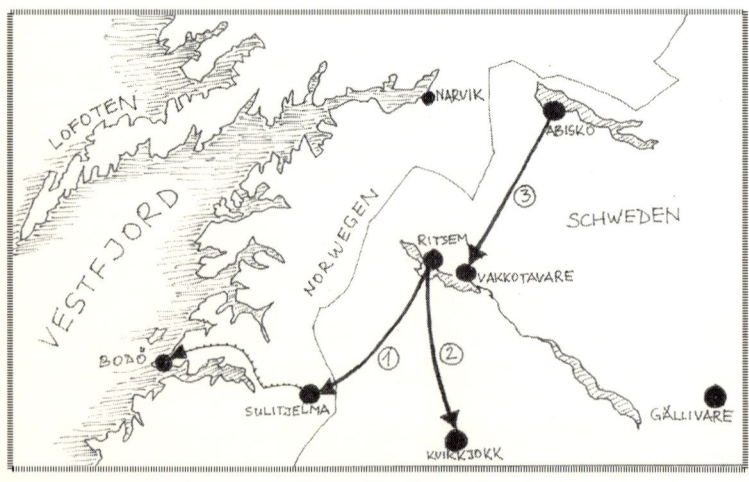